文化
家园

文化驿站　共享空间

杭州社区文化家园建设丛书

平安·巨利

王俊勇　著

杭州出版社

图书在版编目（CIP）数据

平安·巨利 / 王俊勇著. -- 杭州 : 杭州出版社，
2020.10
（杭州社区文化家园建设丛书）
ISBN 978-7-5565-1312-3

Ⅰ．①平… Ⅱ．①王… Ⅲ．①社区文化－建设－概况
－杭州 Ⅳ．①G127.551

中国版本图书馆CIP数据核字(2020)第153429号

PING'AN JULI
平安·巨利

王俊勇　著

责任编辑	李竹月
美术编辑	祁睿一
出版发行	杭州出版社（杭州市西湖文化广场32号6楼）
	电话：0571-87997719　邮编：310014
	网址：www.hzcbs.com
排　　版	杭州真凯文化艺术有限公司
印　　刷	浙江全能工艺美术印刷有限公司
开　　本	710 mm × 1000 mm　1/16
字　　数	120千
印　　张	9.75
版 印 次	2020年10月第1版　2020年10月第1次印刷
标准书号	ISBN 978-7-5565-1312-3
定　　价	25.00元

序　言

党的十九大报告指出，要"发挥社会主义核心价值观对国民教育、精神文明创建、精神文化产品创作生产传播的引领作用，把社会主义核心价值观融入社会发展各方面，转化为人们的情感认同和行为习惯"；要"满足人民过上美好生活的新期待，必须提供丰富的精神食粮……完善公共文化服务体系，深入实施文化惠民工程，丰富群众性文化活动"；要"打造共建共治共享的社会治理格局……加强社区治理体系建设，推动社会治理重心向基层下移，发挥社会组织作用，实现政府治理和社会调节、居民自治良性互动"；"保证全体人民在共建共享发展中有更多获得感，不断促进人的全面发展"。

2017年6月，杭州市文明委下发的《关于开展社区文化家园建设的实施意见》指出："以'文化驿站、共享空间'为定位，以大力培育社区邻里文化、志愿文化、社工文化为重点，坚持政府主导、群众主体和多方参与相结合，充分发挥社区文化家园在活跃社区文化、提升市民素质、促进社区和谐、凝聚社区力量中的重要作用"，"突出思想引领、道德滋养、文明倡导、文化熏陶"。目前，我市社区文化家园建设已从示范创建阶段推进到扩大创建阶段，同时已产生一大批社区文化家园示范推荐点，有越来越多的社区积极构建、规范、创新文化家园，呈现了许多卓有成效的亮点做法和宝贵经验。

2019年4月，首批"杭州社区文化家园建设丛书"（8种）正式出版后，以生动的内容、精美的设计、凝练的经验总结，得到了市领导及各社区的广泛好评，为市民群众提供了深入了解家园、激发热爱家园之情的优秀读物。

开展社区文化家园建设，是贯彻十九大精神，加强社区治理体系建设，实施文化惠民工程，实现以文化人的有效载体；也是新时代背景下满足人民日益增长的美好生活需要，在社区文化建设过程中的直观体现。为了总结经验、展示成果、提炼特色、升华品质，把社会主义核心价值观融入到社区文化建设领域，进一步增强社区居民的文化归属感，进而转化为社区居民的情感认同和行为习惯，拟围绕"小人物，大家庭，新时代"主题思路，再次编写出版一套贴近普通居民的"悦读"文本、展示社区文化家园的精华范本、推广精神文明建设的通俗读本。

　　为深入学习贯彻党的十九大精神，深入贯彻杭州市精神文明建设委员会《关于开展社区文化家园建设的实施意见》精神，加快推进崇德向善、文化厚重、和谐宜居的文明城市建设，不断丰富广大群众的精神文化生活，在成功出版第一辑的基础上，由杭州市文明办与杭州出版集团联合牵头、策划实施"杭州社区文化家园建设丛书"第二辑编写出版项目，再度从首批杭州市社区文化家园示范点等优秀社区中选择上城区紫阳街道上羊市街社区、下城区东新街道新颜苑社区、拱墅区上塘街道蔡马社区、西湖区文新街道湖畔社区和留下街道杨家牌楼社区、萧山区城厢街道休博园社区、余杭区东湖街道茅山社区、富阳区富春街道巨利社区等8个文化家园，分别独立成书，每个社区提炼一两个关键词作为核心主题内容，形成"杭州社区文化家园建设丛书"第二辑。

　　"杭州社区文化家园建设丛书"第二辑，通过精心制作"盆景"来展示社区文化"风景"。杭州社区文化家园建设，既有共性，又有各自的个性。每一个社区的个性，包括其历史文化、人文风情、特色亮点等，经过深入挖掘、精心梳理、巧妙整合、创新设计、用心编写，形成"一社区一品牌，一图书一特色"，这些社区文化家园的"盆景"组合在一起，就形成一道美丽的杭州社区文化家园的"风景"。因而丛书中的各种图书既相互独立，又相互关联，形成一个以"文化统领"为逻辑线的协调的整体。通过精心提炼特色来展示社区文化品牌。每种图书采用"1+X"的形式，对相关素材进行梳理整合。"1"就是该社区"压厢底"的特色和亮点，"X"就是该社区其他值得记录和展示的文化资源，如人文底蕴、文化遗迹、历史文化名人、自我管理方面的典型事例等等。既展示"镇宅之宝"，也展示其他"家珍"，做到主题突出、特色鲜明，同时形象丰满、内容丰富。通过记录"草根"生活来展示社区文化品质。本丛书是"小人物"的"微史记"，撷取社区日常管理和百姓日常生活中打动人心的事件、故事等，体现"大家庭"的温暖和"新时代"的风貌。在图书框架、行文风格、图片选取上努力实现"老百姓讲自己的故事，老邻坊说身边的人物"，让读者获得"微微一笑更倾心"的感觉。

现在，"杭州社区文化家园建设丛书"第二辑与读者见面了，希望有利于进一步推进杭州社区文化家园建设，进一步提高杭州社区文化家园建设水平。

杭州社区文化家园建设丛书编委会

2020年7月

目 录

第一章 社区现状

富阳区富春街道巨利社区是一个年轻的社区，它的前身是富阳金桥乡巨利村。随着城镇化的演进，在富阳区富春街道撤村进社区暨推进城市化建设过程中，2012年12月31日，巨利社区正式成立了。

巨利社区一角

梦想巨利 用心做事 贴心服务 真心为民

巨利社区居委会办事大厅

巨利社区区域面积约2平方公里，东至春秋北路，南至公望街，西至金秋大道，北至二号渠。如果从杭州主城区前往富阳，沿着富春江北岸的江滨东大道，过新沙岛再向北大约三四公里，看到路边一幢幢灰色的大楼，那就是巨利社区了。

巨利社区辖区内有3个封闭式小区：公元名家、文华苑、中水花苑小区；3个开放式住宅小区：原巨利村上章、龙舌里、巨利新村区块，现有户籍人口1050人，常住人口1万余人。社区办公地点在春秋北路589号5楼。

年轻的巨利社区，犹如朝气蓬勃的青年，洋溢着活力与热情。从春秋北路走进巨利新村等开放式住宅小区，只见楼底的商铺开满了各种风味的餐馆以及超市、水果店、理发店、药店等，规模都不大，但是一应俱全，充满了生活气息。夕阳西下的时候，篮球场上开始活跃起来。华灯初上，广场舞的旋律开

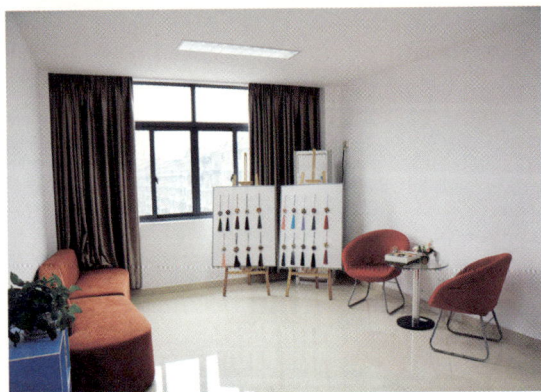

```
        1
2 │ 3 │ 4
```

1. 巨利社区阅览室
2. 巨利社区活动室
3. 巨利社区乒乓球室
4. 巨利社区会议室

始响起。住在这里，感觉生活都是热腾腾的。

巨利社区党总支下属5个党支部，富阳中医骨髓炎医院支部、和谐支部、两新组织联合支部、东吴医院支部、树康康复医院支部，共计在册党员48名，已报到的在职党员165名。

截至2019年3月，巨利社区共有工作人员12人，8名正式社工（其中1人借调街道），4名非正式社工（有挂职干部、转业士官、村派人员等）。

巨利社区辖区的主要单位包括富阳区第一人民医院、中医骨髓炎医院、中西结合医院、树康康复医院、东吴医院、大自然水果批发市场、区消防大队、市场监管局、疾控中心、卫生监督所等。医疗卫生机构密布，这是巨利社区的一大特色。

巨利社区少年儿童阅览活动室

巨利社区运动操场

巨利社区自成立以来，持续推进社区文化建设，着力建造社区文化家园。社区文化家园是集教育功能、展示功能、文化精神传承功能和娱乐功能于一身的文化综合体，是提升社区文化建设水平的重要保障。按照"六个有+X"的建设要求，社区文化家园有市民文化讲堂、社区文化展示、社区文化社团、社区文化品牌、社区文化节日、网络文化平台等六个平台；"X"，指多项社区惠民服务，面向社区居民，开设门类齐全、知识实用的课程，全面展示社区的最美现象、人物风貌、社区风采、榜样典型、科学普及等方面内容，整合社区各类文化活动资源，打造"一社区一品牌"，增强社区文化活动的凝聚力和号召力，组织开展各类社区文化节活动，增进居民感情。

2018年，包括巨利社区在内，10个社区的文化家园被评为杭州市五星级社区文化家园。

夜晚，巨利社区的篮球场正进行火热的篮球比赛，吸引了众多居民观看

第二章　形成法制文化品牌

　　当年新生的巨利社区，存在着较为严重的先天不足。

　　巨利社区的地理位置本来就位于城乡接合部，巨利新村等住宅区以原巨利村农居点为主，基本上都是联建房，属于自建房。房东再将房屋出租，引来大量外来人员居住。外来人员多了，难免鱼龙混杂，客观上给巨利社区带来了一些治安隐患。

　　此外，短时间内从乡村转为城市社区，一部分居民的生活习惯还没转变过来。有的居民占道停车，甚至把车停在消防通道上。还有一些居民把超标电动自行车停放在楼道里，再从房间里拉出电线充电，造成严重的消防隐患。

巨利社区党建主题广场

巨利社区党建主题广场

　　管理难、矛盾多、治安差，怎么才能改变这样的局面？刚诞生的巨利社区，面对着一个个沉甸甸的问题。

第一节　建设"四个一"法制文化品牌

问题绕不过、躲不开，唯有迎难而上。巨利社区决定以"打造法制文化品牌，构建和谐社区"为突破口，探索社区普法、依法治理新途径，动手建立"四个一"法制文化建设品牌：一个宣传长廊、一个公园、一个大讲堂、一个调解室。

巨利社区在龙舌里小区南边建立了一个长廊，向居民宣传法律知识。同时，一个党建主题公园也在龙舌里小区建立。巨利社区以党建为引领，推动社区法制建设。硬件建好之后，接下来就是完善软件。巨利社区创立了"法制大讲堂"，邀请公安民警走进社区，向居民讲解法律知识，开展案例讨论，帮助居民树立法制意识。

一位哲人说过，使我们疲惫的不是远方的高山，而是鞋里的一粒细

巨利社区的党建长廊，白墙黛瓦，浸润着江南的春意

根据不同的工
作安排，巨利
社区的党建长
廊会宣传文明
礼仪、平安建
设、垃圾分类
等主题

沙。巨利社区认识到,要保证社区的长久平安,在于及时调解日常生活中的小矛盾,把问题解决在萌芽状态。

为此,巨利社区成立了调解室,按照"预防为主,教育疏导,依法处理,防止各类矛盾激化"的原则,防微杜渐,把各类矛盾遏制在萌芽状态,从而维护了辖区社会的稳定。

在调解工作中,只要纠纷当事人一方向社区反映情况,不论矛盾大小,社区工作人员都会及时上门,详细了解事情原委,制止冲突,以理调和,以法调解。截至2018年12月底,巨利社区共接受交办的"区长公开电话交办单"30件,其中:涉及环境卫生、排污管道的6件,公共事物及安全的7件,邻里矛盾的7件,其他矛盾10件。每次接到交办单后,巨利社区均在第一时间分工落实,反馈率和办结率均达100%。

根据2018年底的统计,巨利社区共有在册的吸毒管控人员28名,其中:归属二级管控的有1人,其中"社区戒毒"人员1名,归属三级管控的有27名,其中外地管控25人。社区根据街道阶段性工作部署,开展一系列禁毒宣传活动,认真做好吸毒人员的法制教育、道德教育以及人生观、世界观和价值观的教育。社区帮教小组依据社区实际情况,矫正与帮扶、教育相结合,认真抓好"两劳"人员的帮教工作。

截至2018年12月底,巨利社区有在册矫正人员3名,刑满释放人员1人。对于矫正人员,巨利社区每月不少于一次地和他们细心沟通并组织义务劳动,及时掌握和了解他们的思想动态,同时在重点时段要求矫正人员每天来社区报到,汇报情况。

平安的一个重要部分就是消防安全。巨利社区成立后,立即开展消防重点安全排查整治,组织网格员队伍、党员志愿者,每月对辖区内高层建筑住宅、出租房、垃圾回收点、网吧、沿街商铺等消防重点场所,

巨利社区进行综合环境整治，拔除私拉乱接的电线

按网格划分开展地毯式大排查大整治行动。经排查，辖区有大小商贸单位260余家，其中人口非常密集的幼儿园3家，各类培训机构2家，小微企业7家，社区列为消防例管的重点单位场所20余家。为此，社区向居民发放楼道通道违规堆物、违规充电、违规住人等告知单100余份，签订消防检查表800余份，对沿街店面免费安装无线烟感器237支，及时消除安全隐患。

巨利社区成立之初，超标电动自行车乱停放、乱充电现象比较严重。为此，巨利社区开展了电动自行车消防安全整治活动，组织党员志愿者队伍进行常规巡逻、劝导。社区联合城东派出所和"泰安公益"开展消防安全隐患集中整治及消防科普，集中整治私拉乱接充电260余处，发放消防安全科普知识500余份。

从前的公元名家小区，车辆横七竖八地停放，路人通行都成问题；楼道内的鞋柜外放现象普遍存在，甚至有居民花不少钱做固定储物空间；消防安全设备大多是"僵尸设备"，存在极大的安全隐患。为此，巨利社区党总支充分发挥支部战斗堡垒作用和党员先锋模范作用，牵头物业公司、业委会，调查摸底，不厌其烦地入户做思想工作，对楼道内的鞋柜进行集中拆除；通过自筹资金进行道路一体化改造，实现雨污分离、道路硬化，并划出整体停车位，腾出路面空间；同时，配套安装远程消防系统，成为全区首个"智慧消防"全覆盖小区，为居民筑牢平安生命线。

此外，巨利社区还联合城东派出所、城管执法队、党员志愿者对辖区出租房进行地毯式消防检查；对文化市场开展扫黄打非检查工作，对

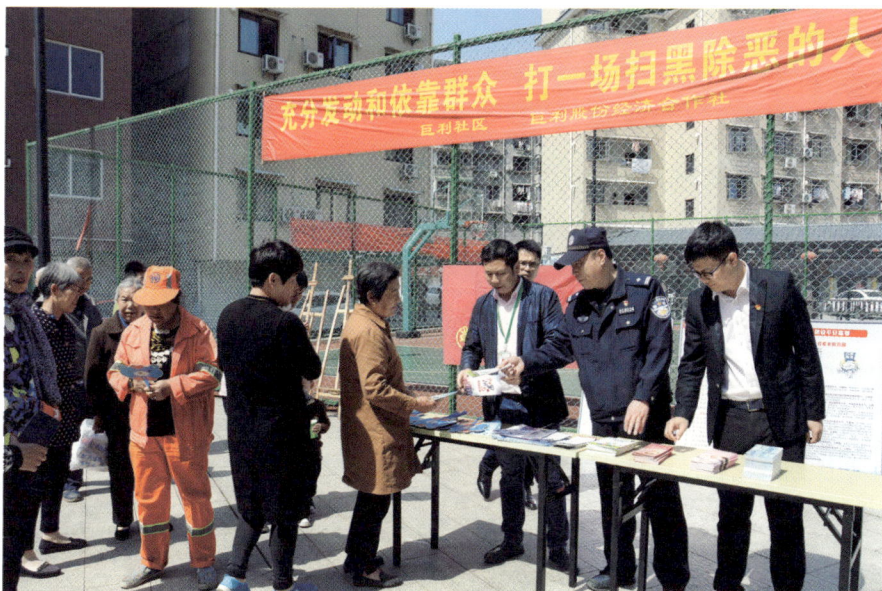

巨利社区开展扫黄打非、禁毒宣传活动

涉及的文化场所和网吧定期检查，同时还对沿街店铺和居民分发文明创建、国卫复评、平安三率、扫黑除恶宣传资料，提高群众的知情率、参与率。

为保证消防安全，巨利社区的微型消防站还定期开展消防应急演练，与辖区单位开展了"防火减灾、永不松懈"的消防安全演练活动。2019年上半年，巨利社区继续推进电动车集中充电桩建设，超额完成全年应装插口数，总计215个（任务数200个），辖区内90%的出租房均已安装独立式烟感器，其中巨利新村85-1号（桢桢公寓）作为智慧消防的试点，首次安装了智能无线烟感器，实现了区域联动，使居民能及时掌握家中的火灾预警情况。杭州市级、富阳区级部门多次对巨利社区进行智慧消防工作视察，高度认可社区消防工作。2019年，巨利社区荣获"杭州市微型消防站先进集体"荣誉称号。

多年来，巨利社区坚持"按需普法、因人普法"，终于达到了"普法过程人人参与，普法成果人人共享"的全民普法效果。

第二节　抗击疫情　守护平安

2019—2020年的这个冬天，"平安"二字有了更深刻的含义。

新型冠状病毒感染的肺炎疫情来势汹汹，面对疫情，巨利社区临危受命、义无反顾，把病毒挡在大门之外，把"平安"写在每个居民的心坎上。

一

防控疫情，巨利社区有一个先天劣势，那就是前文提到过的三个开放式住宅小区。这些小区共有36个出入口，有1000多米长的出入通道，24小时都有人员进出。没有围墙的小区，平时生活方便，但是却无法阻断疫情的传播渠道。怎么办？

阻断传播链，这是不二选择。巨利社区当机立断：把开放式小区也封闭起来。

巨利社区根据实际，用彩钢瓦围住了开放式小区，同时科学设卡，理性管控，责任压实到人，压力传导到岗，在管理上创造性地推出了五项举措。一是集中力量，合力排查。做到普查与筛选相结合，对重点幢、重点户、重点人进行了拉网式普查，摸清了底子。二是打卡进出，升级管控。随着疫情形势愈来愈严峻，社区毅然决然地施行凭出入证进出制度。三是每户限领一张通行证，限3天外购一次，每户只限1人，大幅度地减少了外出现象。四是将告知书与出入证合二为一，既可以在居民办出入证的同时明确疫情防控的规定，又进一步增强了社区工作的监管性，起到了一举两得、事半功倍的作用。五是严格实行人防、物防、技防管理，将三者融会贯通起来，综合推进：（1）人防＋技防。按照24小时"三班倒"要求，每个点位至少落实6至8名管控人员轮班值守，严格点与点交接班机制。（2）人防＋物防。对监管对象装好监控、贴好封条，实现全天候、无死角、多维度的管控举措，全力确保管控安全。

火车跑得快，全靠车头带。本次抗疫输赢，关键取决于党建带领。疫情之初，巨利社区党总支迅速建立了强有力的领导班子，由社区党总支书记蒋培松任组长，班子成员任组员，分工明确，责任到人。其次，成立工作班子，处理各个政策层面，组成工作突击队，班子成员独当一面地解决问题。再次，广泛宣传发动，加强舆论宣传阵地。采取广播、标语、微信、公众号、显示屏等各种形式，广而告之，力求人人明白。最后，向家家户户分发疫情防控的温馨提示及新型冠状病毒感染肺炎疫情防控告知书。运用宣传车，高频率、立体式滚动播放，加大了宣传力度。

二

防疫工作，面广量大，错综复杂。面对难题，巨利社区切实加强组织性、纪律性，以制度来约束、来规范，实行军事化管理，打好防疫组合拳，化不利为有利，创造了富春街道三个第一：

（一）掌握尺度，把控火候，打好争先组合拳。率先在富阳区第一个用彩钢瓦封堵了33个出入口，实现24小时监管。同时，借发放出入证机会，收缴物业费，为后续开放式小区实施封闭式管理、做物业推广，优先进入培育期起到引领作用，为全区、全街道树立了先进榜样。

（二）抓住重点、破解难点，打好分类组合拳。对于从疫情重点区域来的管控对象，不管工作有多难，社区工作人员反复上门，动之以情、晓之以理做好工作。在征得班子同意后，送街道集中医学观察点观察。对于非重点区域来的，实行居家观察14天。发告知书，签承诺书，拉警戒线，装监控，贴居家观察、谢绝来客及告知观察期间需注意事项，实行"一竿子"管控。从启动疫情防控数十天来，无论是管理秩序，还是管控对象，无一出现差错，成效明显。

隔离不隔爱、防病不防心，疫情期间，社区工作人员真心为居民提供无偿服务：一是当好"代办员"，在第一时间、第一地点为他们解决问题，如购买药品，处理垃圾。二是当好"服务员"，坚持每天主动为他们代购新鲜水果、蔬菜等，由网格员作为居家观察的服务员。三是当好"疏导员"，居家医学观察时间愈长，愈容易产生心理压力和情绪波动，继而产生各种负面影响，为此，社区和物业一起，为居民建立了

疫情防控期间，志愿者为居民运送生活用品

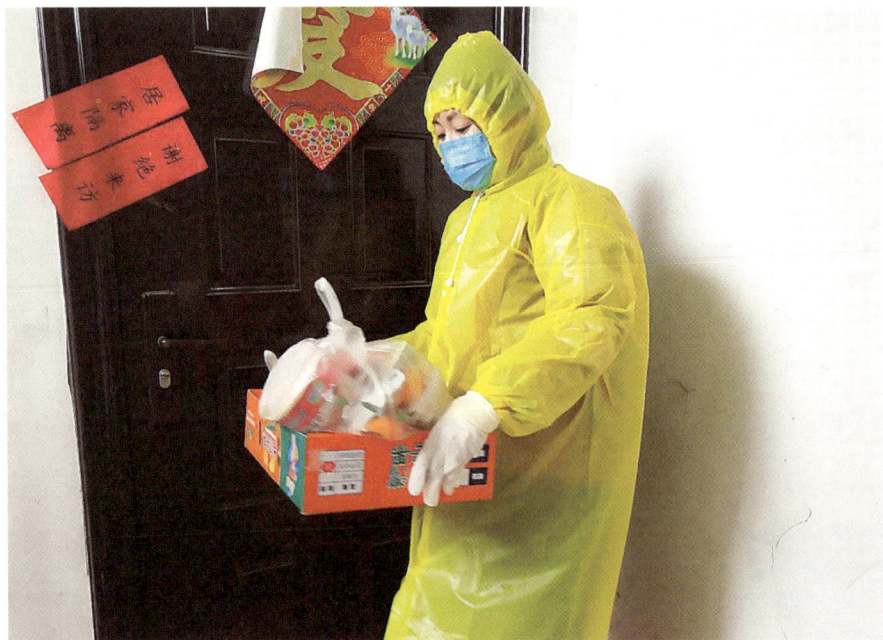

疫情防控期间，志愿者把生活用品送到居民家门口

"温馨提醒""安心居家"微信群，相互联络，增进感情。

（三）创新载体，登记二维码扫描，打好科技管控组合拳。登记二维码，关键是用于防控管理，有效解决出入人员扎堆、交叉感染风险增加等问题，统计分析卡口数据，为疫情防控提供有力支持。

创立党员先锋岗，发挥大党委作用，打好党员领先组合拳。关键时刻，共产党员挺身而出，亮明身份，佩戴党徽，值班守护，彰显共产党员风采。社会志愿者、社会各界人士主动请缨，踊跃参加，捐款捐物献爱心。辖区内的杭州市规划资源局富阳分局、富阳区市场监管局也组织党员积极配合社区工作，日夜坚守第一线，既当宣传员，又当劝导员、监督员、战斗员，起到了党员带头，党建引领，齐心协力抗击疫情的示范作用。

三

随着疫情防控取得阶段性成果，企业也开始复工复产，大量外来人员抵达、返回富阳，城市人员流动加大，增加了疫情防输入的压力。为严格监管外来人员和车辆的进出，实行外松内紧的防疫模式，巨利社区创新社会治理，率先实行"一人一码一证一书"的新精细化管理：

一人：对辖区每个人凭身份证进行信息核实登记，确保信息真实有效。由网格员负责地毯式排摸，确保不漏一户一人，摸清家庭情况，装订成册。

一码：推行健康码管理。把健康码作为防疫期间的"通行证"。积极发动辖区居民申领"杭州健康码"。区域卡口凭"健康码"亮码或扫电子通行证通行，确保辖区居民健康码申领率100%。企业复工人员扫电子通行证使用率100%。

一证：升级出入通行证，对人员实行精细化管理。不同人员发放不同颜色的小区通行证，绿色为常住居民，蓝色为小区租客。通过发放不同颜色的通行证，既避免过多重复的检查，又加强了对外来人员的检查和管理，从而确保卡口快速通行，为小区居民和外来务工者提供更加优质的服务。

一书：社区与房东签订房屋租赁安全责任书，明确房东为房屋租赁安全第一责任人，极大提升房东的责任意识、安全意识，为出租房的安全管理打下坚实基础。

"一人一码一证一书"的推行：一是全方位掌握区域动态信息。对辖区房东和租户进行实名登记，分类归档，做到"不漏一户、不漏一人"，确保100%，而且将网格分布建到信息系统中，推行"网格化+

信息化+精细化"治理新模式。二是在发放出入证的同时进行物业费的收缴。由于客观原因，大量外来购房者长达两年以上没有上缴物管费，造成居民意见大，借此东风，两手抓：一手抓疫情防控，一手抓社区治理，赢得了他们的理解、支持和配合，外来购房者及时缴纳了历年来拖欠的12.6万元物管费，而且为今后开放式小区推行准物业管理，培育居民自律意识，初步积累了管理经验、开放式小区向封闭式小区转变的实践经验。

在做好疫情防控的同时，巨利社区努力创造条件，积极帮助企业复工复产。由专人负责企业复工复产工作，建立巨利企业复工群，通过微信群及时传达上级对企业复工复产的相关政策措施，做好答疑解惑的服务工作。微信群的建立还可以让企业之间实现资源共享，互帮互助，为今后企业劳动用工年审、经济普查等相关工作打下了基础。

巨利社区还第一时间成立了复工复产领导小组和工作班子，分4个小组，以网格为单位，社区干部和网格员分片包干。并且到企业、店铺，贴二维码、电子通行证，帮助企业、店铺在复工复产中解决实际问题。

截至2019年3月，巨利社区正积极帮助各家企业，为九小项目建筑工地、钢圈厂路区块拆迁安置房工程、富阳一建工地开工、店铺开工，对原封堵点的彩钢瓦移位，帮助利宝汽车服务有限公司、杭州富阳鸿鑫酒业有限公司、杭州富阳涩谷风情酒店等多家企业复工复产，方便企业车辆、人员进出，做了大量的复工复产基础性工作，辖区复工复产率已达到90%。

四

2020年3月之后，富阳区疫情防控工作取得阶段性成效，不少群众放松了警惕。为了进一步加强管控，巨利社区、巨利股份联合组织了由社区干部、合作社干部带队，党员志愿者、居民志愿者、巡防队员组成的夜间巡逻队。

外防输入，内防扩散。社区与合作社启动夜间巡逻防控行动。每晚18时到20时，对辖区进行常态化夜间巡逻。主要对辖区公共区域进行巡逻劝导，制止人员聚集扎堆、不戴口罩、聚众打牌等行为，提醒辖区居民按照疫情防控工作要求，在思想上不麻痹，在行动上不松懈，自觉维护社会稳定。通过加强宣传，加强巡逻，有力地促进了疫情防控和复工复产深入开展，为此，群众反映较好，社会评价良好。

在本次抗疫过程中，通过党建引领，思路创新、管理创新、工作创新、治理创新，辖区内无信访事件和民事案件，出现了政通人和、社会和谐、经济发展的良好局面。

第三章　工作特色

从一个"先天不足"的城市新社区，再到今天的杭州市"五星级文化家园"，如果说巨利社区有什么秘诀的话，那就是始终以平安为基础，强化安全整改，提升环境品质，最终实现以服务保障民生，以文化增进和谐。

第一节　党建为引领　平安是底色

在巨利社区的领导班子看来，社区治理不是简单的维护社会秩序。它的一个基本要义是把党的领导植根于基层、植根于人民群众，在党的领导下，组织群众依法管理基层社会事务，实现党领导社会治理，依靠群众加强社会治理。只有把基层党组织建设好了，才能为加强和完善社区治理提供坚强有力的组织保障。

工作千条万条，强化党建是第一条。巨利社区以

巨利社区志愿者拔除公园草坪上的杂草

基层党建引领社区治理创新，促进自治、德治、法治的社会治理新格局。

干工作要抓住"牛鼻子"。巨利社区抓住的"牛鼻子"，就是依托"党建+"，筑牢"平安生命线"。

平安，是巨利社区的底色。巨利社区积极探索"党建+"模式，在大党建引领下，始终筑牢"平安生命线"。实施"党建+网格"，通过优化综合治理平安网格，推行网格"1+14"工作模式，实现"人在格中走，事在网中办"。实施"党建+消防"，建立功能齐全、机制完备的社区微型消防站。实施"党建+巡防"，采取日间巡防和夜间巡防"双保险"模式，日间巡防由网格长带领网格员负责，夜间巡防由党员志愿者和专职巡防队员协同负责，双管齐下，进一步维护社区长治久安。

党建为了群众。巨利社区依托"中心+"，打通"最后一公里"。在工作中，巨利社区完善党群服务中心建设，打通服务党员群众的"最后一公里"。"中心+一站服务"，切实增强党组织服务功能，推行"全能社工"建设，满足多样化、多元化需求。"中心+室外阵地"，将党建教育阵地由室内向室外延伸，实现党建教育模式由封闭向开放的转变，教育对象也由党员为主向广大居民普及的转变。"中心+文化家园"，以全

党建共建联席会议

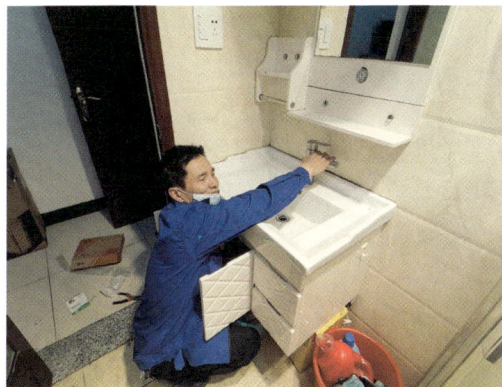

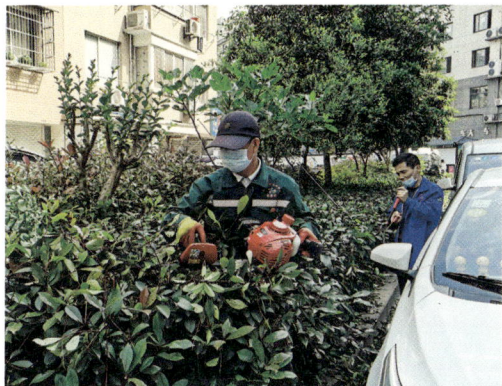

巨利社区多功能志愿者开展
上门维修、修剪花木等活动

区首家"杭州市五星级文化家园"成功创建为契机，全力打造党建+高水平社会治理示范区。

　　巨利社区依托"清单+"，构建"梦想大家园"，让居民得到了实惠。在党建工作中，巨利社区以"大党委"制党建共建为契机，充分运用辖区共建资源，列出资源清单、项目清单、需求清单等三张清单。通过"三张清单"，架起服务居民群众的平台。建立多功能志愿服务站（专业的人做专业的事），成立党员专职巡防队志愿者队伍、水电专业志愿者队伍、垃圾分类倡导志愿者队伍、医疗义诊志愿者队伍、文明停车指导志愿者队伍等志愿者服务队伍，为社区居民提供更加优质、快捷和周到的服务。

打铁还需自身硬。2017年3月公推直选换届后，巨利社区从抓班子入手，以党建为龙头，加强党支部的战斗堡垒作用，有效提高了班子的凝聚力、战斗力，形成强有力的领导核心。同时加强学习、提高社区干部素质。

为提高社区干部的素质，适应新形势下社区工作需要，巨利社区实行每周例会制，组织学习有关政策法规，记好《富阳区村（社）组织会议记录本》，会后全体到会人员签字，联社领导签字审核。每月进行居务监督会成员会议，监督社区财务，每季举行居民开放日活动。改进工作作风，发挥领导班子表率作用。社区两委班子带头参加社区活动，带头帮扶困难家庭，带头协调邻里关系，带头维护社会治安，带头创建文明小区。树立争先创优意识，培养奉献精神，在工作作风上求真务实，在工作中处处发挥表率作用。

第二节　优化居住环境　创造品质生活

在巨利社区的领导班子看来，不论是平安建设，还是文化家园，都离不开自然环境这个载体。有优美的自然环境，各项工作才能顺利开展，居民才能享受到品质生活。

巨利社区成立伊始，就开展环境卫生整治集中活动。在城乡接合部，环境卫生是普遍需要注意的问题。巨利社区专门"啃硬骨头"，集中开展以整治"脏、乱、差"为重点突破口的环境卫生综合整治活动，做到卫生无死角，周边无"脏、乱、差"现象。

巨利社区进行道路整修，美化居住环境

环境整治活动中，蒋家区块是巨利社区的一块"心病"，里面有一片近40亩的空地，附近居民在上面种满了各种蔬菜。因涉及的土地面积太大，想解决这个问题，无疑不是件容易的事。但如果放弃解决，问题只会"积压成疾"，愈演愈烈。

"为此，我们社区班子、党员干部、股民代表拿出了'壮士断腕'的决心。"巨利社区党总支书记蒋培松说。为彻底整治该区块闲置土地问题，巨利社区党总支联合巨利股份经济合作社，向痛点"开刀"。

社区针对这块土地的整治工作分两步走：第一步，张贴告示，通知居民在规定时限内清理完自家的"一亩三分地"；第二步，党员干部、股民代表一起出动拔菜除草。在居民极不配合的情况下，巨利社区党总支坚决扛起责任，党员干部、股民代表一起出动，顶着烈日、冒着酷暑，不分周末、不分昼夜地清理场地。

这一切，社区居民都看在眼里，最终，党员干部环境整治的决心和信心换来了老百姓的理解。干群齐心，通过10天努力，近40亩的土地焕然一新，如今的蒋家区块实现了从"菜地变花海"的华丽蜕变。

环境整治不是一劳永逸的。每逢春天，巨利社区还统一组织开展以清除和控制四害孳生地为主的春季集中消杀活动，切实加强重点单位、

巨利社区进行综合环境整治

重点场所和公共环境的四害防治，力争将鼠、蟑、蚊、蝇等病媒生物的密度，控制在国家卫生城市规定的范围之内。

春夏时节是登革热的高发期，为了防止登革热爆发，保障居民健康生活，巨利社区还开展"灭蚊防蚊预防登革热专项整治"活动。社区联合卫生服务站和疾控中心，组织消杀公司针对社区内绿化带、停建房等容易孳生蚊虫的公共场所进行全面清理，打扫卫生死角，翻盆倒罐清理积水。社区工作人员开展入户宣传，向居民群众介绍预防登革热的方法，建议居民倾倒家中及住宅周围的缸、罐等积水容器中的水，给水养植物及时更换清水，杜绝蚊虫生长。社区和保洁公司积极配合，就辖区范围内的卫生盲点、死角一遍遍进行清理整理，给社区居民营造了一个良好、文明的卫生环境。

巨利社区的辖区内有众多医疗卫生机构，这是巨利社区的独特优势。为此，巨利社区坚持与共建单位、辖区单位联手共建、共治、共享。依托共建单位、辖区单位的优势，巨利社区定期开展进社区服务活动。如共建单位区文广新局、第一人民医院、疾控中心、卫生监督所等不但向社区提供共建资金为社区居民搞各类宣传活动、为困难居民送温暖等，而且先后派党员进社区开展"创文明大行动"环境宣传、整治活动，共清理卫生死角30余处。杭州推行垃圾分类投放后，共建单位还到巨利社区开展了垃圾分类讲座宣传4次，共建单位共驻共建共享的作用得到了充分发挥。多年的持续努力终有所成，巨利社区荣获2018年度国家卫生城市先进优秀社区荣誉称号。

第三节　微型消防站　关键时刻显身手

巨利社区一直把消防安全作为平安建设的重要部分。富阳区消防大队就位于巨利社区的辖区。巨利社区利用这个独特优势，在龙舌里等开放式小区建起了微型消防站。在紧急时刻，社区的微型消防站派上了大用场。

2016年4月的一天，巨利社区一栋房屋楼梯间发生火灾，社区微型消防站的工作人员许建军在消防队员到来之前，用之前掌握的扑救技能，成功将火扑灭。

社区微型消防站是怎么一回事呢？2015年12月，富阳区选择了巨利社区在内的92家单位，在这些单位内部成立了微型消防站。根据杭

微型消防站

州市统一要求，微型消防站的设立有人员、设备、制度等方面的硬性标准。如人员不少于6人，购置配备一定数量的灭火器、水枪、水带等灭火器材，人员应定期开展消防技能培训等10余项要求，有条件的单位可以配备消防车。

巨利社区微型消防站的7名人员主要由社区联防队员组成，在区消防大队的指导下，开展平均每月一次的消防技能培训。日常巡逻则在治安巡逻基础上增加消防安全巡查。值得一提的是，巨利社区还别出心裁地将保洁工人纳入微型消防站体系中，主要工作是留意、排查社区角角落落可能存在的消防隐患。

此外，巨利社区还确定，微型消防站和联防站在同一场地办公，互通信息，紧密联系，一旦有火情等，即可第一时间发现、第一时间组织初期扑救。

巨利社区有关负责人说："我们必须做到消防安全无死角。"巨利社区堪称"出租村"，2016年时户籍人口只有一千多人，但外来人口却超过1万人，出租房密集，人流量大，如果工作不到位，一旦发生火灾，极易造成群死群伤。

在巨利社区领导班子看来，微型消防站最有意义的地方在于，通过消防大队的培训指导，建起了一支有能力、可发现消防安全隐患的稳固队伍。"微型消防站的人员基本是社区居民，他们熟悉社区、了解社区。"社区负责人说，"他们还是消防安全的宣传员、推广员，在各出租户间起到了很好的示范作用。"

经过社区的努力及与富阳区消防大队的多次合作，巨利社区家家户户都配备了专业的消防灭火、逃生器材，大多数出租户也掌握了基本的灭火器使用等技能。在2015年及2016年4月成功扑灭的两次小型火灾中，也检验出了微型消防站的实战能力。

用富阳区消防大队负责人的话说，微型消防站是现有区消防大队、9支专职消防队之外，新增加的一支消防安全保障力量，是原有消防序列在基层的有效补充。从实践效果来看，微型消防站也确实起到了扑救初级火灾、发现排查消防隐患等作用，微型消防站工作人员还不断向所在单位、周边住户宣传普及消防安全、救援自救等知识技能。

富阳区消防大队负责人表示，尽管目前数据不明显，但微型消防站有望在大多数小型火灾中发挥显著作用。仅2016年一季度的数据表明，区消防大队各中队出警共170起，出动车辆181辆次，出动人员1248人次，抢救被困人员23人。负责人说："平均每天出警超过1次。而当中大多数出警扑救，如果住户配备基本的器材，掌握基础的技能，完全可以在消防队员到达之前，在保障自身安全的前提下，就可以扑灭火灾的，在偏远或道路条件较差的地区，就更需要微型消防站了。"

富阳区消防大队欢迎、鼓励各微型消防站多与他们保持联系，在任何时候，他们都愿意提供专业的消防技能培训。同时，也希望上级部门，能进一步完善落实加大资金等保障力度，让微型消防站能走得更长远、更坚实。

第四节　贴心服务　保障民生

　　基层社区直接和群众打交道，最贴近群众。在日常工作中，巨利社区时刻把群众满意作为出发点和落脚点，为居民提供贴心服务。

　　2019年，巨利社区共有60岁以上老年人161人，其中80周岁以上老年人33人。为了做好居家养老工作，巨利社区的工作人员一一到老人家里走访，询问老人们的就餐需求，共为4位老年人提供送餐服务，并且协助社区养老机构随园之家做好各项老年人服务。2018年，巨利社区居家养老照料中心被杭州市评定为"四星级居家养老服务中心"。

巨利社区心系老党员，来到老党员家里送上温暖

就业是最大的民生。为了做好就业援助工作，社区工作人员走访了辖区86家企业，了解他们的发展与用工情况，摸清辖区企业的用工需求。针对各种用工招聘会，巨利社区及时搜集信息，掌握用工条件，在最短的时间内将就业信息提供给失业人员，尽可能多地为他们提供就业机会和就业渠道。

2019年，巨利社区组织了富阳区人力资源招聘进社区系列活动中的一场专场招聘会，让下岗、失业人员能在家门口找工作，把握就业机会，组织5名失业人员争取到就业培训机会，协助4位失业人员办理《就业援助证》，并实行跟踪服务。

对于企业退休人员，巨利社区也非常关心。根据2019年的统计，户籍或企业退休关系在巨利社区的人员中，60周岁以上老人共有281名。社区工作人员一一上门对他们进行慰问，为他们送上长寿面和蛋糕等慰

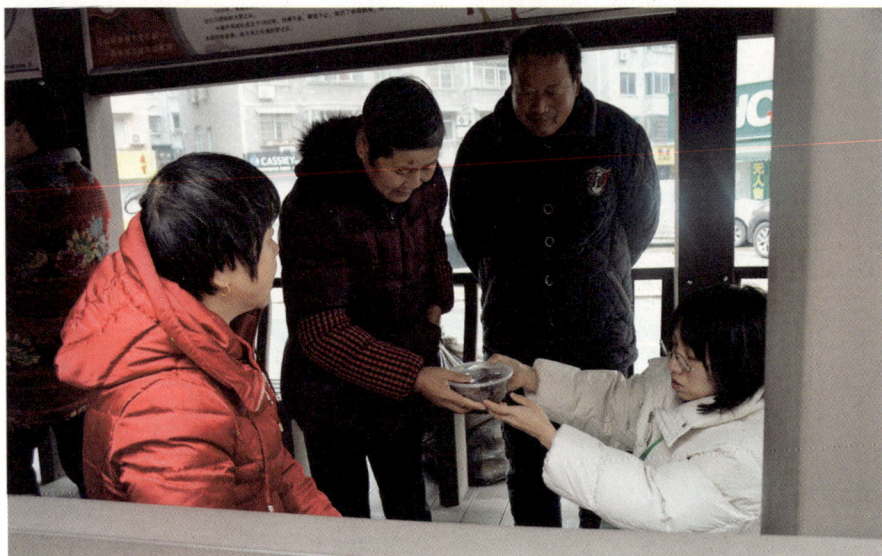

过了腊八就是年，巨利社区为居民送上热腾腾的腊八粥

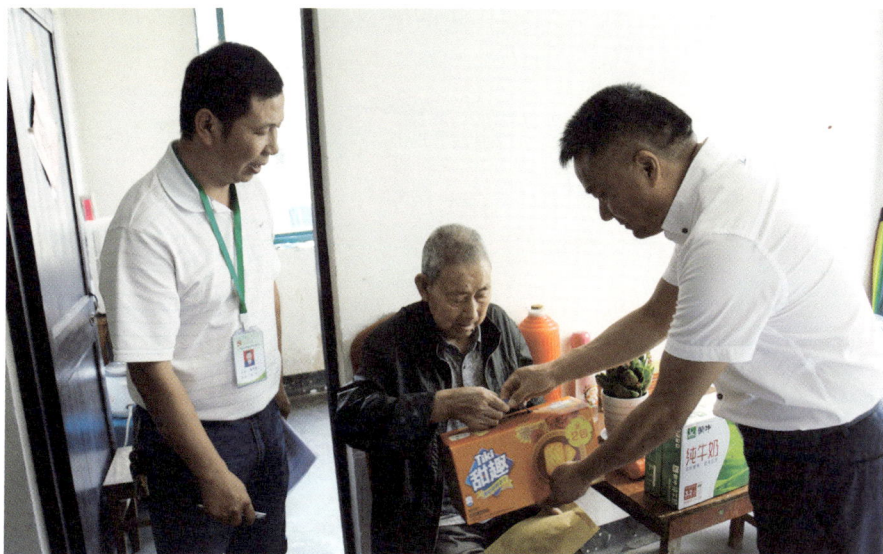

巨利社区慰问
辖区内的高龄
老人

问品，祝他们健康长寿。对于社区里的6位特困老人，工作人员也一并送上慰问金。

残疾人是一个特别需要照顾的群体。对待残疾人的态度，体现了一个社会的文明程度。为确保残疾人应享福利，巨利社区为辖区内20名残疾人办理残疾人免费公交卡。为解决重度残疾患者因常年瘫痪在床、路途遥远而造成的办证难问题，巨利社区与有关部门协商，为重度残疾患者上门办证，先后为多名残疾人办理低保手续，为下肢残疾人置换了机动轮椅车，为残疾学生申请了教育补助，为残疾大学生申请到了学费和住宿费减免。

让残疾人自食其力，是对残疾人最大的帮助。巨利社区组织辖区内失业残疾人参加街道组织的残疾人实用技能培训，主要内容是做面包和包子，为再就业掌握职业技能，增加就业机会。社区工作人员为7位残疾人办理好城乡居民合作医疗保险。

此外，巨利社区还持续做好新生儿、新复员军人、毕业或婚嫁迁入者的城乡居民基本医疗保险参保工作，2019年全年共为44人办理；完成2019年城乡居民医保收缴工作，共计749人参保，缴费金额一档76人，二档206人，少儿医保467人。

第五节 发力文化建设 促进邻里和谐

文化犹如春风化雨，润物无声。

巨利社区通过丰富的文化活动，提高居民的文明意识，促进家庭和睦，形成邻里和谐。

为尽力满足辖区居民日益增长的文化需求，丰富社区居民精神文化生活，加强社区文化阵地建设，巨利社区的文化家园全年开放，并配备了专兼职两名人员负责日常管理。巨利社区还整合资源，不断繁荣和活跃群众文化，组织好文体队伍，每年开展各类文体活动120余次，有效提升全体居民的文明素养，提升了健康有益的文化氛围。

提高居民的道德素质，一直是巨利社区文化建设的重要目标。为此，社区广泛开展文化家园讲堂活动，2019年全年通过文化家园为载体开展了包含假日爱心班在内的30多场各种内容"讲堂"活动，其中18堂是包含了思想教育、卫生、技能、艺术、消防、安全等内容的道德讲堂；假日爱心班20堂包含了科普、安全、心理辅导等的课程，形式不拘一格，内容丰富多彩。

通过多种形式的宣传引导，在巨利社区，文明城市创建从我做起、从小事做起的理念深入人心，社区的文明创建氛围日益浓厚，为创建杭州市"五星级文化家园"打下了良好基础。

第四章　社区文化家园建设成果

巨利社区整合了社区现有各类资源，进一步提升面向全体居民的养老、医疗、卫生、科普、休闲、保健等社区服务水平，让居民得实惠。社区文化家园已成为社区居民和社区互动、和党员干部互联的纽带。在巨利社区，文化成为社区居民的"黏合剂"，重构起城市生活的新方式。

春节快到了，巨利社区凌燕舞蹈队为居民们表演舞蹈，热热闹闹迎新春

第一节　欢歌热舞迎新春

过了腊八就是年。在新年来临之际，2019年1月9日下午，巨利社区举办"三美表彰会"暨妇女代表、文艺骨干新春联欢会。

巨利凌燕舞蹈队和健身操队为居民们带来了腰鼓《好日子》、舞蹈《我的九寨》、独唱《新鸳鸯蝴蝶梦》等精彩纷呈的文艺表演，现场还进行了抽奖和游戏环节。居民们能歌善舞，多才多艺，展现了各自的才艺，赢得了观众们热烈的掌声，联欢会充满了欢声笑语。

迎新春，巨利社区居民表演腰鼓《好日子》

楼道是邻里间联系感情、传播文明的纽带，阳台是每个家庭最温暖的地方，热心助人的楼道长，干净整洁的楼道，美丽温馨的阳台，都让社区越来越好。联欢会首先对巨利"三美"进行了表彰，他们用自己的实际行动为巨利社区带来了一道最美的风景，让我们与"梦想巨利"又近了一步。

巨利社区凌燕舞蹈队参加舞蹈比赛

巨利社区居民委员会主任姜启新发表了新春贺词，感谢过去一年来居民朋友们对社区发展的支持和理解，并代表社区向大家致以诚挚的问候和衷心的感谢。

第二节　金猪贺岁　春联送瑞

2019年是农历猪年。春节前夕，多日连绵的雨水洗去了冬日的灰尘，温暖明媚的阳光照进居民的心间。1月25日上午，龙舌里文化小广场上，人头攒动，如火如荼，一张张开心的笑脸映入眼帘，巨利社区举办的"金猪贺岁，欢乐祥瑞"送福送春联活动，正在文化家园热热闹闹地举行。

富阳区文化馆的书法家们各展所长，或清新隽永或古朴苍劲的字体网罗了众多"粉丝"；居民们取联热情高涨，纷纷挑选合意的春联内

春节前夕，巨利社区举行送福送春联活动

书法家们挥毫泼墨，为居民送上福字和春联

容，有序在旁等待书法家挥毫泼墨。看着这些红火的福字和对联，过年的气氛也旺起来了。

聚在一起写春联、选春联，让大家感受到越来越近的新春氛围。窄窄几方红纸，寥寥数笔勾勒，满载的是社区对居民们深深的情谊，社区以此祝愿居民在新的一年里平安幸福、诸事顺利。

第三节　清洁社区　少年有为

为了让青少年们度过一个平安快乐的寒假，2019年1月29日下午，巨利社区组织青少年俱乐部的学生们带上抹布和小水桶，打扫社区卫生，宣传文明出行。

寒假到了，巨利社区组织青少年们清洗宣传栏

橱窗前，有的同学抬水，有的同学洗抹布，有的同学擦橱窗，分工合作，将橱窗擦拭一新。学生们还进行"交通安全"宣传，将"春节期间交通安全温馨提醒"发放给社区居民，在十字路口倡导文明出行，遵守交通秩序。

通过"清洁社区卫生，倡导平安出行"活动，学生们纷纷表示："看着自己的劳动成果，特别有成就感，而且在春节期间也会注意交通安全，提醒大家不能酒后开车。"

第四节　确保社区平安　落实房东责任

巨利社区的出租房多，守护居住地平安，房东们义不容辞。为切实做好春节期间火灾防控和治安工作，确保居民过个平安年，2019年1月16日下午，巨利社区召开春节期间消防安全、防火防盗培训暨2019年出租房房东会议。

随着春节的临近，抢劫、入室盗窃和诈骗等违法案件也进入高发期，富阳区城东派出所戴晓林警官结合近期发生的几起案件，为居民讲解如何防抢、防盗、防骗，提高辖区居民防范意识和机智应对突发事件的能力，避免不必要的财产损失。提醒出租户，检查出租房内灭火器的使用日期，到期灭火器要及时更换。

会议上，房东们签署了出租房消防安全责任书，社区还分发了新春火灾防控倡议书。消防安全一直是社区工作的重要内容，旨在提高居民们消防安全防控和初期火灾的处置能力，真正做到防患于未然，切实保证春节期间社区的消防安全。过去一年，社区感谢每一位出租户能够关注社区的成长，助力社区的发展，并衷心祝愿大家新年快乐、幸福安康！

巨利社区与出租房房东们签署消防安全责任书

第五节　猜灯谜　闹元宵

为弘扬传统文化，增添节日喜庆气氛，活跃居民们春节期间的文化生活，2019年2月15日上午，在上章文化长廊，巨利社区举办了"幸福巨利人　欢乐闹元宵"元宵节猜灯谜活动。

社区居民和小朋友们纷纷前来看谜面、想谜底，不时能看到居民们皱眉苦思冥想，猜到谜底的都

元宵节到了，巨利社区举行猜灯谜、闹元宵活动

争先恐后地到工作人员处兑奖。居民们在愉悦的氛围中学到知识，每个人脸上都洋溢着开心的笑容，现场气氛热烈活跃，充满欢乐。

本次活动不仅让居民们感受到了喜悦气氛，也丰富了居民们的知识，更加弘扬了中华民族的传统文化。

第六节　雷霆整治　守望平安

巨利社区举行平安整治活动，消除各类安全隐患

为全面协助"平安富阳"建设，营造美丽和谐社区氛围，巨利社区雷霆出击，积极迎接"平安富阳"大检查。

2019年3月3日上午9点，巨利社区全体员工以及各区块网格员召开平安考核迎检工作紧急会议，社区党总支书记蒋培松对迎检工作作出了整体部署。明确各区块由网格长和网格员带头，进行全面排查整治，主要整治内容：1. 高层房屋楼道堆积物清理；2. 沿街商铺门口的堆积物清理；3. 出租房地下室是否住人，是否有私拉电线给电瓶车充电，消防设施有无配备；4. 老旧小区的消防设施是否配置完善；5. 机动车、非机动车乱停放整治，尤其禁止在消防通道上停放；6. 对绿化带种菜情况进行整治，全面复绿。

会议过后，蒋培松亲自带队，对巨利新村、龙舌里等区块实地检查，发现问题立即解决，告知商铺店主自行清理店铺门口的堆积物，劝导乱停放车辆的车主文明停车。对于绿化带种菜的情况，先通知居民自行清除，之后全面复绿。

第七节　普法宣传　关爱女性

为了庆祝三八妇女节，增加社区妇女们的法律知识，提高妇女们的维权意识，2019年3月7日下午，在巨利社区文化家园，巨利社区和新汇社区联合举办庆"三八"法律知识讲座及竞赛走进文化家园活动。

社区邀请了浙江杭联律师事务所李中钧和叶维洋律师给辖区妇女们讲解《婚姻法》、民间借贷、妇女维权等方面的法律知识，社区妇女代表、文艺骨干、网格员等参加了活动。两位律师在耐心讲解的同时，与妇女们进行法律知识问答，还通过各种真实案例让妇女们对《婚姻法》、民间借贷，尤其是妇女维权方面的相关法律知识愈加理解。

社区还通过电子显示屏循环播放等方式，增强社区妇女们的维权意识，营造了良好的学法、知法、懂法、用法的氛围，为法治中国、法治浙江、法治富阳加油助力。

巨利社区举行关爱女性法律知识讲座

第八节　党员培训　缅怀先烈

又是一年春草绿，一年一度清明来。2019年3月29日，巨利社区、巨利股份经济合作社开展"缅怀革命先烈　弘扬爱国精神"清明扫墓暨党员培训活动，巨利社区全体工作人员、党员参加了本次活动。

上午8点开始，巨利社区党员在会议室举办社区"党建+"工作规划大讨论及观看党教视频活动。下午，大家统一乘车到金家山进行扫墓。大家带着花圈、党旗，拾级而上，在"革命烈士纪念碑"前，一起唱响国歌，向革命英雄献上花篮，三鞠躬后重温入党誓词，大家排队依次向革命英雄献上菊花，表达对先烈们的缅怀和敬仰。

随后，巨利社区的党员们来到富阳规划展示馆参观，跟着讲解员，大家从历史、地理、交通等各个方面了解了富阳的整体概况，还参与了馆内的趣味游戏。未来的富阳将通过轨道交通、快速路网、高速公路、高铁和特色水上交通等多种方式，与杭州各城区间形成紧密联系，成为杭州大都市区具有更强辐射影响的综合性城区。

通过这样的活动，巨利社区弘扬了爱国主义精神，增进了党员的爱国主义情怀，还让党员们锻炼了身体，增强了体质。

清明节前夕，巨利社区党员前往金家山为革命烈士扫墓，缅怀先烈

第九节　温暖五月　感恩母亲

五月，这是一个让人想到母亲的时节。为庆祝"母亲节"，迎接"国际家庭日"的到来，大力弘扬中华民族传统家庭美德和优良家风，在全社会营造尊重母亲、感恩母亲、回报母亲的良好氛围，2019年5月10日下午，在上章文化广场上，巨利社区、巨利股份经济合作社联合开展"温暖五月　感恩母亲"文化家园主题系列活动。

富阳区人民医院和杭州富阳树康康复医院消化科、口腔科、药物咨询科、中医科、康复治疗科等多个不同方面的医生专家们，为社区妇

在感恩母亲节系列活动上，医生们为居民进行义诊

女们提供免费测量血压、血糖以及健康咨询、诊断等服务。在诊治过程中，医生们为前来就诊的母亲们进行了认真细致的检查，耐心询问她们的日常习惯及身体状况，并针对病情做出专业性诊断。

浙江浙兴律师事务所律师在活动现场为居民们免费提供法律咨询，尤其是涉及遗产继承、夫妻离婚、民间借贷、损害赔偿、老人赡养等与生活密切相关的法律问题。面对居民的疑问，律师们都耐心解答，并告诉大家如何利用法律武器保护自己的合法权益。

"慈母手中线，游子身上衣。"从怀胎十月到含辛养育，每个人的成长都离不开母亲的陪伴和付出，作为子女的我们一定有千言万语想对母亲说。在"妈妈，我想对你说"主题

巨利社区举行感恩母亲节系列活动

背景板上写下对母亲的心里话，与母亲同框合影留念，为母亲送上鲜花表达祝福，鲜艳的花朵代表了我们对母亲浓浓的感激之情。

有和谐的"小家"才能有平安的"大家"，从古至今，中国就是一个注重家风家训的国家。不少居民朋友们看到家风家训的海报，纷纷驻足，和自己的孩子悉心交流。倡导家庭和谐，以家庭和谐推进社会和谐。

活动现场还进行了垃圾分类、文明行动、登革热预防、优生优育等宣传活动，发放了上百份宣传册。

第十节　消防演练　警钟长鸣

为了进一步加强安全生产，不断提高应急预案的实用性，切实增加应对突发事故的扑救处置，2019年5月22日下午，巨利社区、巨利股份经济合作社联合杭州富阳树康康复医院，开展安全生产、消防安全应急演练活动。

在富阳树康康复医院会议室，永安防火中心章华旺为社区和合作社工作人员、网格员、巡防队、居民代表、富阳树康康复医院工作人员等进行安全生产、消防安全知识讲座。以现实当中的真实案例作为切入点，让大家更加懂得了安全生产、消防安全在生活当中的重要性。

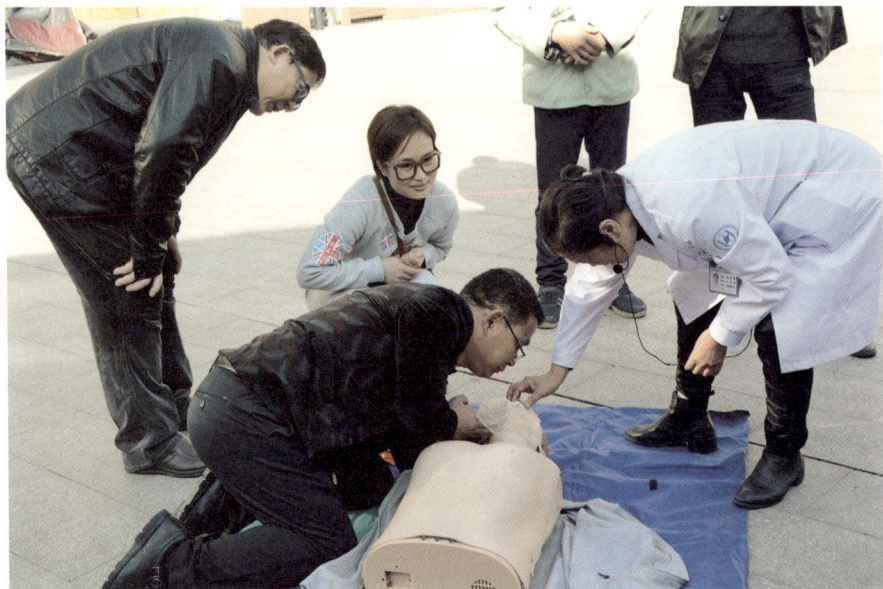

巨利社区组织安全演练，向居民们普及急救常识

巨利社区举行消防安全演练

　　讲座之后，各部门继续组织开展消防安全应急演练。当看到烟雾燃起，大家通过安全通道有序逃生，消防人员拿着灭火器迅速行动，全部人员都安全撤离到一楼空旷处。富阳区消防中队队员还为大家介绍灭火器的使用方法等，让大家更加明白遇到紧急情况应该冷静、沉着处理。

　　这样的消防演练活动，巨利社区每年都会举行。通过消防演练，增加了大家的消防安全知识，提高了应对处置突发事件的能力，增强了应急预案的科学性、时效性和操作性。

第十一节　越音袅袅　沁人心脾

"祝家庄上访英台，一边走，一边喜，同窗竟会成连理；一边走，一边想，我与她同窗共桌情义长……""弟兄二人出门来，门前喜鹊成双对。从来喜鹊报喜讯，恭喜贤弟一路平安把家归……"

舞台上，越音袅袅，沁人心脾。2019年5月28日晚上7点，上章文化广场上灯火辉煌，人潮涌动，原来是杭州越剧院三团来到了巨利社区。

越剧团为巨利居民朋友们带来了折子戏《回十八》《十八相送》，舞蹈《烟花三月》，歌曲《味道》等多个耳熟能详的经典曲目，歌声宛转悠扬，洋洋盈耳，舞蹈婀娜多姿，衣袂飘飘。动听的歌声和精彩的节目，引来观众们掌声一阵盖过一阵。

越剧作为中国的传统剧种，一直广受百姓的喜爱，此次传统越剧走进巨利，不仅丰富了巨利社区百姓的文化娱乐生活，更加充实了这里文化家园的建设。

杭州越剧院的演员们来到巨利社区，为居民们献上经典越剧表演

端午节到了，欢快的身影在夏日的风中舞动

第十二节　初夏微风　粽叶飘香

　　端午节是我国的传统节日，在我国民间，端午节有很多习俗，要吃粽子、挂香袋、系长命五彩线，还要在房前屋后挂上象征祝福的葫芦、艾蒿、柳枝等。

　　2019年6月1日上午，在上章文化广场，由巨利社区、新汇社区、巨利股份经济合作社主办，泰隆银行、邮政银行、星愿公益、随园之家赞助，"浓浓端午情　粽香飘满居"端午节系列趣味大赛暨世界环境日主题活动热闹开展。

　　活动邀请了巨利凌燕舞蹈队、新汇舞蹈队为大家展示优美的舞姿，吸引了不少居民驻足观看，并且获得了热烈的掌声。

巨利社区举行
迎端午节系列
趣味大赛

在"包粽子、献爱心"比赛中，比赛选手手法熟练，三下五除二就包好了一个漂亮的粽子。现场还评出了一、二、三等奖，巨利社区党总支书记蒋培松、新汇社区书记陈晓燕为获奖者颁发奖品。

现场还有香囊DIY，居民们自己来制作香囊。人们通常在每年端午节前后给孩子们佩戴香囊，以求驱虫、避邪、保平安。

重拾儿时的回忆——麻糍，捣麻糍的人大汗淋漓，热得不时发出哟哟声。在这里最凑热闹的主角要算是小孩子，他们硬是挤在一起围在石臼边看热闹，等着吃热麻糍。

还有各种便民服务，理发、推拿、金融服务、义诊、针灸、珠宝清洗。垃圾分类、优生优育等宣传活动，广泛传播健康科学知识和理念。

巨利社区通过这样的活动，联络邻里感情、增强社区凝聚力，更寓教于乐，增进大家对端午节传统文化的了解，深刻体验传统节日中蕴涵的历史意义，从而使民族精神得以传承。

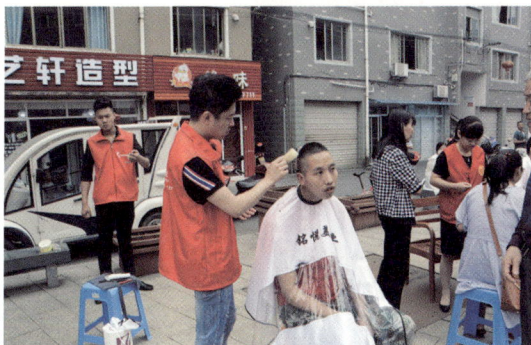

打糍粑、剪头发，端午节的活动很丰富

第十三节　载歌载舞庆祝党的生日

　　为庆祝建国70周年以及建党98周年，弘扬爱国主义热情，提升文化家园建设。2019年6月23日晚，在上章文化广场，巨利股份经济合作社、巨利社区、新汇社区、东山社区迎"七一"党建共建引领社区治理创新文化联动文艺汇演精彩上演。

　　晚上6点半开始，志愿者队伍就已经在上章篮球场上开始开展活动，富阳区迈拓公益暖心志愿服务直通车走进社区，让志愿者队伍更加强

巨利社区举行迎"七一"党建共建引领社区治理创新文化联动文艺汇演

文艺汇演上，歌手纵情放歌

大，涵盖了医院义诊、食品安全、消费维权、打击传销、禁毒、金融服务、珠宝护理等各个不同方面。同时，通过横幅、图板等形式宣传了党建、"世界人口日"、垃圾分类等。

7点整，在开场大鼓《盛世欢歌》热闹的鼓声中，迎"七一"党建共建引领社区治理创新文化联动文艺汇演正式开始。富阳区芳菲艺术团的演员、歌手们为居民们带来歌舞、小品、独唱、越剧、舞蹈、变脸等形式多样的文艺演出，不时赢得台下观众的阵阵热烈掌声。"党建知识问答"环节让居民朋友们不仅了解了党建的相关知识，还赢得了暖心小礼品。

在党建共建的引领下，本次活动不仅丰富了社区居民的文化娱乐生活，还增长了环保、医疗等各方面的知识，我们用最美好的颂歌，向新中国70岁生日和党的98岁华诞献礼。

第十四节　欢送新兵入伍

好男儿，当兵去！2019年，巨利社区两名青年光荣参军入伍。9月6日下午，在巨利股份经济合作社会议室，巨利社区、巨利股份经济合作社召开新兵入伍欢送会。

蒋承龙、蒋宇鑫是当年入伍的两名新兵。巨利社区党总支书记、巨利股份董事长蒋培松，首先祝贺新兵选择了一条别样的人生道路，他表示在新兵身上看到了希望和精气神，同时也提出了对入伍新兵的希望：要加强理论学习，提高政治站位，带着优秀的作风，为家乡增光添彩，真正把部队的历练作为人生中最精彩的一段时光，不虚度光阴，不浪费青春。欢送会上，两名新兵家长也谈了谈自己的期望，希望孩子订立目标，并付诸行动，作为家长一定全力支持。

最后，蒋培松和巨利社区居民委员会主任姜启新为新兵赠送入伍纪念品，并祝愿入伍新兵一路顺利，一切安好。

好男儿保家卫国，巨利社区欢送新兵入伍

第十五节　中秋月圆　暖心慰问

在中秋佳节来临之际，巨利社区开展中秋节暖心系列慰问活动，提前为环卫工人、90岁以上老年人、特殊家庭等送去节日的慰问和中秋的祝福。

2019年9月9日下午，巨利社区居民委员会主任姜启新和社区工作人员来到中水花苑小区，走访特殊家庭，询问了他们最近的生活情况，并送上了牛奶、水果、毛巾等慰问品。居民们表示十分感谢巨利社区对于他们的关心与慰问。

9月10日上午，巨利社区携手中共浙江交工集团股份有限公司74支

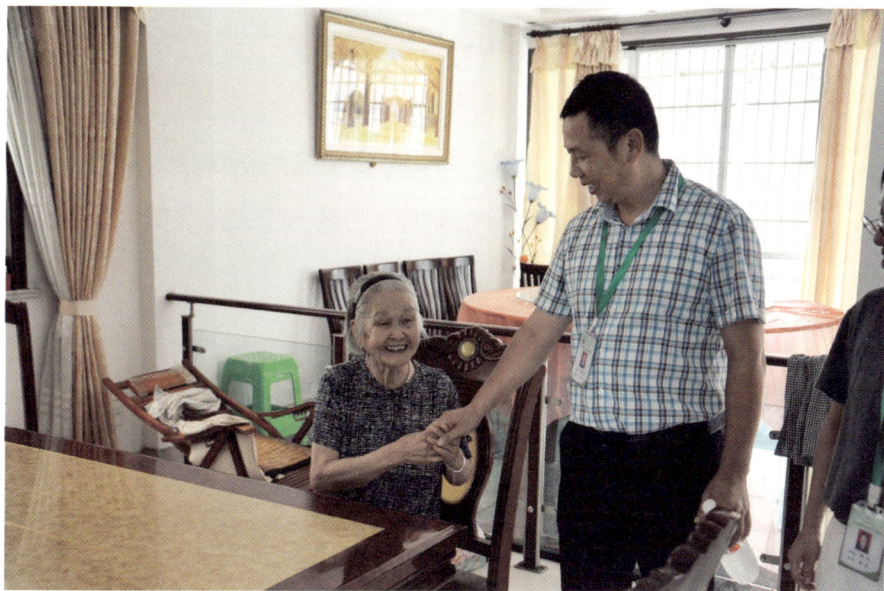

中秋快要到了，巨利社区工作人员上门慰问高龄老人

中秋节前夕，巨利社区向环卫工人送去慰问品和祝福

部委员会，为社区的保洁人员和高龄老人，送去了一份金秋的祝福，感谢环卫工人为美丽环境付出的辛勤劳动。

9月10日下午，巨利社区居民委员会主任姜启新和社区工作人员，上门看望辖区内90岁以上的高龄老年人，为他们带去月饼和水果，送上社区的暖心关怀。

9月12日，巨利社区居民委员会主任姜启新和工作人员来到富阳区第一人民医院，看望生病住院的退役军人顾海星，为他送上了月饼、水果等慰问品，了解他身体的恢复情况，祝愿他早日出院，恢复健康。

第十六节　喜迎国庆　难忘今宵

为庆祝中华人民共和国成立70周年、欢度重阳节，在弘扬爱国主义热情的同时，展现企业退休人员的良好精神风貌，巨利股份经济合作社、巨利社区、新汇社区于2019年9月30日联合开展"迎国庆贺重阳"系列活动。

下午3点，上章文化广场上人头攒动，公益义诊、金融咨询、珠宝清洗、食品安全宣传等各种项目前面都站满了人。最热闹的还是垃圾分类趣味游戏，通过玩游戏的方式，寓教于乐，让大家都参与到垃圾分类的行列中来。

晚上7点，庆祝中华人民共和国成立70周年暨"不忘初心、牢记使

中华人民共和国成立70周年前夕，巨利社区举行文艺汇演，共庆祖国华诞

深情的祝福
献给祖国母亲

命"主题教育文艺汇演正式开始。巨利社区党总支书记、巨利股份董事
长蒋培松致辞。街舞、小品、朗诵、越剧、童星时装秀等丰富多彩的节
目引来台下观众一阵阵热烈的掌声。晚会在巨利股份、巨利社区、新汇
社区的党员大合唱《我和我的祖国》的歌声当中落下了帷幕。

　　通过本次活动，巨利社区祝愿伟大祖国繁荣富强，祝愿巨利的明天
更加美好，祝愿辖区居民幸福安康！

第十七节　践行垃圾分类　守护绿水青山

2019年，杭州开始严格实施垃圾分类投放。为了更好地开展垃圾分类工作，建设美丽家园，10月23日下午，巨利社区开展"我爱我家、垃圾分家"垃圾分类培训及入户宣传活动。社区网格员、党员志愿者、巾帼志愿服务队等参与了活动。

在社区会议室，社区首先对参会人员进行垃圾分类培训，让大家学习生活垃圾分类投放指南。对实行垃圾分类的原因、垃圾分类投放方法等进行了系统的学习。

然后由社区网格员带领志愿者们到居民家中进行入户宣传。不少居民表示会支持垃圾分类工作，很乐意参与到这项工作当中，对照投放指

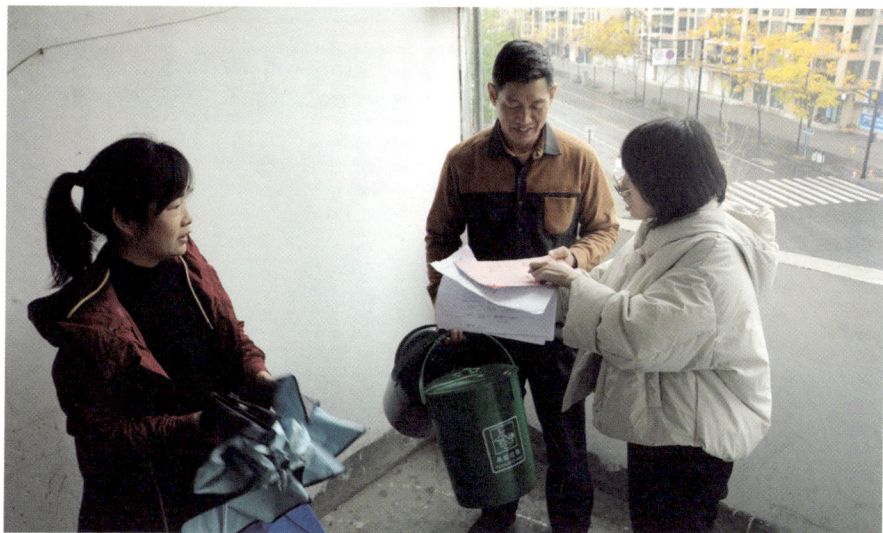

巨利社区工作人员向居民宣传垃圾分类知识

南，在家里面就会把垃圾先分类。

通过该次活动，巨利社区将垃圾分类投放指南送到居民手中，并进行及时答疑解惑。人人参与，共同努力，将垃圾分类落到实处，让家园变得更加美好。

工作人员上门入户，把垃圾分类的知识带给居民

第十八节 舞出红红火火好日子

巨利社区活跃着一支热情的舞蹈队。

凌苏琴是巨利社区的工作人员，退休后的她依然致力于社区的文化活动，创建了巨利姐妹舞蹈队，在教练兼队长的她的带领下，舞蹈队不断吸引新成员加入，从最初的几个人发展到现在的30余人。

每天晚上，不管刮风下雨，不管身体是否有恙，凌苏琴都会准点出现在训练现场，手把手、一遍又一遍地教，直到学员熟练掌握。在她的指导下，巨利姐妹舞蹈队先后获得亚太地区广场舞比赛一等奖、富阳区群众体育广播操比赛三等奖等多个奖项。

截至2019年3月，巨利姐妹舞蹈队有8人取得"社会体育指导员"二级、三级上岗证书，多人还成为老年大学文艺队骨干。

凌苏琴说，社区自设立社区文化家园后，感觉就像又找到了一个家，姐妹们在这个"家"里，不光学习舞蹈，大家在一起还可以聊聊天，身心都得到了健康锻炼。

像这样把社区文化家园当成自己"第二个家"的居民有很多很多，他们用自己的特长，免费给社区居民提供相应的服务，只要社区有需要，有召唤，义无反顾地参加似乎已成为他们的职责。

第十九节　居家隔离人员被困　多功能服务站解忧

"门锁突然坏了，我妹妹被锁在房间里了，怎么办？"2020年2月29日深夜，巨利社区接到了一个特别的求助电话。

当时正值新型冠状病毒感染的肺炎疫情期间，社区居民俞某正在居家隔离。俞某是浙江大学医学院附属第一医院感染科重症病房的一名护士，是"战疫"的一线人员。返回富阳后，她主动在家居家隔离。没想到，她家的门锁突然坏了，她被锁在房间里了。

虽说居家隔离也不能出门，但是总要打开房门领取蔬菜等生活用品。要是被锁在房间里出不来，连基本生活都成问题了。因为事发已经是晚上11点多，于是社区工作人员打电话安慰俞某情绪，让她晚上先休息，次日一早再想办法。

到了3月1日早上，社区工作人员一边问候俞某，一边联系修锁师傅。但是疫情期间，修锁师傅都不愿意上门服务。于是社区工作人员联系多功能志愿者服务站的水电专业志愿者徐吉武。徐吉武一听这情况说："我来试试看吧。"他和社区工作人员做好防护措施就到俞某家里查看情况。

徐吉武不是专业的修锁人员，一开始怎么也打不开，经过一番琢磨，最终把门锁打开了，俞某连连表示感谢。

饮食无忧，方能居家安心。疫情期间，巨利社区共有一百多名居民接受居家隔离观察。为帮助这些居家隔离人员顺利度过隔离期，巨利社区妇女骨干组成关爱帮帮团，建立"一人一档"，利用线上通讯软件，拓宽沟通渠道，有效缩短与居家隔离人员的交流距离。买菜、买水果、拿快递，定时处理生活垃圾，尽量满足居家隔离人员的生活要求，从而为他们打造不出家门也舒心的舒适居住环境。

隔离病毒不隔离爱，疫情无情人有情。保卫巨利区域的平安稳定，巨利社区的工作人员们依然在奋斗。

巨利社区多功能服务站志愿者为被锁住的居民修锁

第五章　社区名人　先进居民

说了巨利社区的这么多荣誉成绩，那我们就走进巨利社区，看看住在社区里的人，都是什么样子。

第一节　蒋培松：党建旗帜引领，助推集体经济腾飞

2013年6月，芒种将至，气温升高，一连几日的雨水也冲刷不了蒋培松心里的焦灼。

44周岁的蒋培松刚刚接手巨利社区的工作，担任巨利社区的负责人。当时，摆在他眼前的是一个"烂摊子"：环境脏乱差，道路破损、绿化缺失、污水横流；经济落后，集体经济账户余额不足3万元；干部战斗力缺失，"上午到一到，下午找不到"竟是居民对社区干部的最高"褒奖"。

之前，蒋培松自己经营一家企业。但是，新

巨利社区党总支书记蒋培松（最前者）检查指导环境整治工作

生的巨利社区如此艰难，蒋培松总觉得应该为集体做些什么。基于组织上的信任、村民们的期望和党员的崇高使命感，蒋培松在深思熟虑后，毅然决然地放弃了自己经营多年的企业，全身心投入社务工作，希望彻底改变这一局面。

——

改变社区面貌，最迫切也是最直接的办法，就是整治自然环境。当时的巨利社区，由于原村民的自建房多，楼房外面都搭着楼梯连接到地面，环境脏乱不说，还有安全隐患。对此，蒋培松毫不犹豫，一个字：拆。

拆除违章建筑，那是不折不扣的"啃硬骨头"。蒋培松带领社区干部迎难而上。一户残疾人坚决不肯拆除乱搭建的楼梯，蒋培松上门协商

巨利社区举行民主生活会

巨利社区党总支领导班子集体议事

时，这位居民拿起一块石头就向蒋培松扔去。尽管及时躲避，蒋培松的背上还是结结实实挨了一下。蒋培松当场痛得眼冒金星、冷汗直流。简单检查了一下后，蒋培松没有退却，继续跟这名居民协商。前后跑了20多趟，终于把工作做通了。

还有一户居民，自以为有些"能量"，坚决不拆除违章楼梯，还纠集了一伙不法分子，拿着钢管，跑到蒋培松家里，扬言要给蒋培松"一些颜色"。

"我就不相信没有王法了！" 蒋培松毫不退却、怒目而对。最终，这户自命不凡的居民终于拆除了违章的楼梯。

最终，巨利社区拆除违规搭建的门前外楼梯106架、围墙附房3万多平方米。随后，社区又自筹资金，对六个区块的道路进行一体化改造，实现了雨水污水分离、道路硬化。

在蒋培松看来，城市社区治理的一个重要内容就是空间利用。利用腾出的空间，巨利社区建起了一站式服务中心和文化家园，修建了党建长廊，既可以接待群众，也可以开展义诊等活动。环境改善了，人气聚集了，居民的房产也增值了，出租房的收入自然也成倍增长，居民的获得感也提升了。

二

想要促进社区发展，归根结底还是要发展经济。

蒋培松刚上任时，巨利社区账面上只有2.8万元，而且还只是土地收益，社区的固定收入基本为零。

社区经济怎样才能发展？蒋培松发现，当时社区里有很多居民用集体土地种菜，总面积约400亩，而这些菜地的沟渠清理，每年都要社区支付费用。这么一计算，社区每年都要亏空15万元左右。

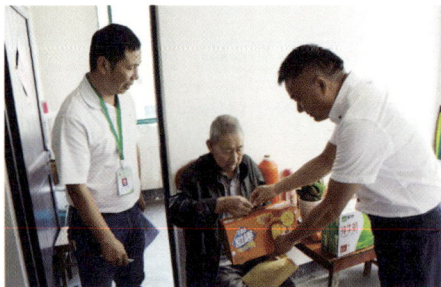

种菜归自己，花销由社区集体支付，这样可不行。蒋培松果断决定，将所有土地收归集体，由集体统一经营，再结合之前的环境整治，盘活空间。根据群众建议、组织提议、联席会议商议、党员大会审议、代表决议等方式，公开商议集体闲置土地有偿使用管理办法、安置性留用地收回并由合作社集体合作开发

蒋培松上门慰问老人

创收办法等事宜，不仅挽回了集体经济损失1.2亿元，还实现了集体经济的迅速发展，每年收入突破千万元。

蒋培松检查社区工作

三

基层治理要完善，干部作风是关键。巨利社区成立之初，干部作风涣散，上午到办公室转一圈，下午就看不见人影了。居民对此很不满意，但也无可奈何。

蒋培松上任后，立即着手强化干部作风建设。他把管理企业的先进经验移植到社区管理上，干部上下班都要按指纹考勤，不许无故缺勤。

打铁先要自身硬。蒋培松以高标准严格要求自己，敢于担当、主动作为，以居民的需求为导向，实实在在地为居民做事情，让居民都能分享集体经济发展的红利。

在日常工作中，蒋培松坚持选拔任用那些真正干事的干部。对于那些庸碌无为，只想混日子的干部，蒋培松坚决予以调整。

在巨利社区党总支书记、巨利股份经济合作社董事长蒋培松的带领下，巨利社区先后荣获浙江省体育先进社区、杭州市百佳服务队、杭州市老年体育示范社区、杭州市先进社区微型消防站、杭州市五星级文化家园、国家城市卫生先进社区、富阳区消防平安社区示范点、富阳区出租房屋消防安全示范点等荣誉。

第二节　李建英：敬老爱幼　孝行天下

巨利社区的李建英家庭，是一个敬老爱幼的和睦家庭。

李建英家庭是一个党员家庭，除了李建英自己，丈夫蒋金有、儿子蒋成俊都是党员。作为党员，就要发挥党员的带头作用，积极参加各项党员活动，一直以起到"党员先锋模范作用"作为标准。

孝顺老人，是李建英家庭最突出的传统美德。丈夫蒋金有的母亲是一位患有阿尔茨海默症的老人，全家人三十年如一日地照顾老人，毫无怨言。尤其是李建英身为人妻、人母和人媳，坚持着中国传统妇女的朴素、孝顺和勤劳，尽心尽力地做好一切，照顾好老人和孩子，关心体贴

李建英（右二）热心参加社区活动

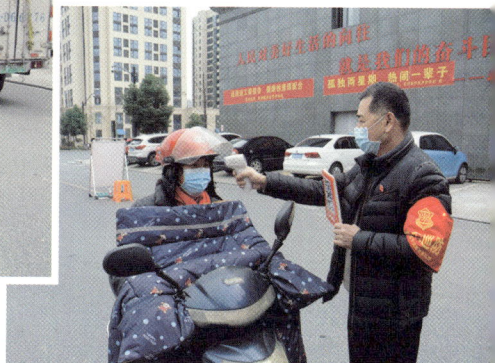

疫情防控期间，李建英又成为一名抗疫志愿者

丈夫。她要照顾患有阿尔茨海默症的婆婆，无论多忙多累，她都要扶婆婆在院子里练习走路。每天给婆婆喂水喂饭，洗洗涮涮，为婆婆洗澡、梳头、理发、捶背、剪指甲，精心照料，从不厌烦。她是巨利社区当之无愧的"最美媳妇"。

　　2020年刚开始，李建英家庭又多了一个新任务：参与抗击疫情。所谓"打虎亲兄弟，上阵父子兵"，蒋金有和蒋成俊父子俩同为党员，疫情当前，他们无怨无悔、任劳任怨，用自己独有的责任和担当，守护着巨利这片热土。在疫情防控检查点测体温、宣传杭州健康码、疏导来往车辆和人员，他们平凡而简单的工作却贡献着不平凡的力量。

　　面对突如其来的疫情，李建英、蒋金有、蒋成俊组成的"党员之家"，不退缩、不畏惧，始终冲在战"疫"一线。他们响应党的号召，

党员家庭冲
在最前线

捐赠款项，献出自己的爱心，以自己的实际行动践行了共产党员的初心和使命，为打赢疫情防控阻击战贡献了自己的力量。

"做好党员带头，敬老爱幼，孝行天下"是李建英家庭的格言，他们用实际行动作了最好的表率。

第三节　钱爱琴：夫妻和睦　尊老爱幼

　　巨利社区的钱爱琴夫妻是一对普通夫妻，他们俩育有两个女儿，多年来丈夫努力工作，钱爱琴勤俭持家，孝敬父母、关爱孩子，两人建立起了一个和谐美满的家庭，受到社区居民的称赞和好评。

　　他们有一个80多岁的公公，半身不遂，生活不能自理多年。因此，夫妻俩分工协作，一个在外挣钱养家，一个在家料理家务。老人在家不能出门感到烦闷，夫妻俩就为他买了轮椅，天气好的时候，就把他推到街上人多的地方，让他解闷。孩子是家庭的未来，夫妻俩对孩子的培养也不怠慢，大女儿是一名工程预决算员，小女儿有一个自己的蛋糕店，现在两个女儿都成家立业了。

　　团结邻里，同情弱者——夫妻俩都是助人为乐的人，因而邻里关系也非常好，二人深得邻里的信任和尊重。他们经常帮邻里做些力所能及的事情。四邻八舍，有谁家里的电器坏了，自来水管坏了，钱爱琴丈夫都会帮人维修，解决了一些邻居家庭生活中的困难，深得群众好评。

　　一个美好的家庭需要家庭成员的共同努力，每个人都要奉献一点爱，社会这个大家庭才会温暖。

钱爱琴一家外出游玩

第四节　严建群：热爱公益　常怀感恩

巨利社区的严建群一家多年来夫妻和睦，尊老爱幼，团结邻里，乐于助人，是小区的"模范家庭"。在生活当中，每当发生摩擦时，他们都能设身处地地换位思考，从而较好地解决了问题。严建群全力支持丈夫的事业，侍奉老人，教导孩子，料理家务，受到邻里的高度赞扬。

真心待人是他们全家的处事态度，与邻居都能够和睦相处，邻居们有些事情做不了或需要帮忙，他们都热心帮忙。他们一家人都希望透过自己的微薄之力为那些需要帮忙的邻居解决一些燃眉之急，他们用实际行动为和谐社会的建立贡献自己的一份力量。

积极参与公益事业

　　有人说，爱如果只停留在一家人之间，那么这种爱是小爱，可严建群家庭却把这种爱、这份情，延伸到亲朋邻里甚至是陌生人身上，成就了一种大爱。

　　他们一家一向乐于关心邻里，只要大家有什么需要帮忙的，夫妻二人二话不说，尽可能地给予帮助。两人的谦和热心一被提起，人们总爱伸出大拇指：这一家没得说。

　　除了关心邻里，他们一家还能够用心参与社区的各项活动，配合社区开展相关工作。严建群热心公益事业，她将空余时间全部投入到志愿者公益服务之中，基本上每个双休日都会出现在公益活动的现场。她认为作为志愿者，在给予的同时也收获了奉献的快乐，切身体会到了"奉献、友爱、互助、进步"的志愿者精神。

第五节　姚笛：热爱阅读　书香满屋

　　人们在日常生活中的休闲方式有很多种，而巨利社区的姚笛一家，独爱读书这一方式。

　　走进姚笛家中，首先看到的就是一整面墙那样的书柜。爱读书是姚笛和妻子两人共同的爱好，两人经常交流读书的心得体会，读到好书还会相互分享。

　　父母是孩子最好的老师，姚笛的两个女儿姚涵艺和许艺凡也深受父母的影响，睡觉之前读会儿书已经成了孩子们的习惯。走进姚笛的家中，你就会发现茶几、床头、阳台上，更不要说书房了，每一个角落都

姚笛家里整面墙都是书柜

女儿和妈妈一起阅读

两个小女孩各自安静地看着书　　　姚笛一家人外出踏青

随手可以接触到书。

　　如今，姚笛家中共有藏书2000余册，买书、读书、藏书成为全家人的共同爱好，成为生活中不可或缺的一部分。孩子们生活在书的怀抱里，受到书的熏陶；各种书籍成了孩子们枕边的好伙伴，也成为父母和孩子之间沟通交流的重要桥梁。姚笛一家经常一起逛书城、去图书馆，在书的海洋里，或坐或立，如痴如醉地翻着自己喜爱的书籍，常常这样度过整个下午。全家一起读书的氛围，真的是妙不可言。

第六节　抗疫三兄妹　夫妻齐上阵

刚进入2020年，一场突如其来的疫情，打乱了所有人的春节计划。舍"小家"守"大家"，坚定"逆行"赴"战场"。在巨利社区疫情防控第一线，有这样一个家庭，施玉升、陈玉明、陈红云三兄妹，他们不仅是亲人，更是战友，他们相互鼓励，相互支持，始终坚守在各自不同的岗位上，成为战"疫"一线的一道亮丽风景线。

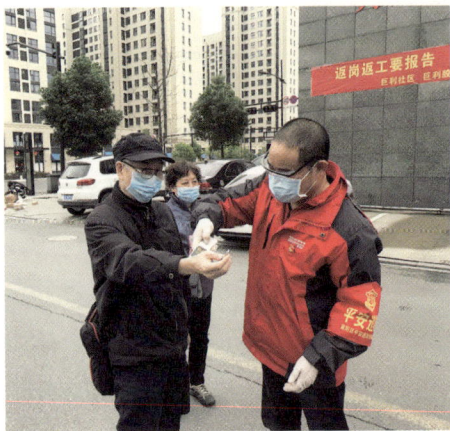

三兄妹坚守在抗击疫情的一线

抗击疫情，一丝不苟

一、疫情就是命令、防控就是责任

当抗疫阻击战的号角吹响，施玉升、陈玉明两兄弟同为党员，主动要求到疫情防控检查点参加检疫工作，以高度的政治责任感和顽强毅力，坚守在疫情"防输入"最前线。他们工作认真细致，对个别不是很配合和理解身份查验、测体温的人员，耐心劝说。测温仪到了夜间温度低时不是很准确，他们就把测温仪藏在袖子里，需要测温时再拿出来，保证测温质量，严把入口关。他们还响应党的号召，积极捐款，奉献自己的爱心。兄弟二人已经在疫情防控检查点工作30多天，以自己的实际行动践行了一名共产党员的初心和使命。

抗击疫情不松懈

二、恩爱夫妻、共同战"疫"

"他是党员义不容辞，我也不能拖后腿。"丈夫以身作则践行党员责任，陈中英作为施玉升的妻子，无怨无悔地和丈夫并肩作战，一同参与到防疫战场。在抗击疫情这场没有硝烟的战争中，夫妻同心，其利断金。

施玉升、陈中英夫妻齐上阵，全心投入疫情防控

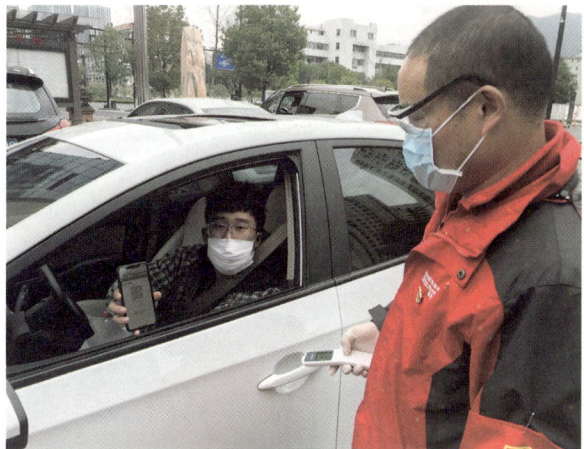

三、巾帼不让须眉、抗疫"最美"身影

陈红云是巨利社区的就业援助员，疫情发生以来，分发疫情防控倡议书、摸排网格信息、发放通行证、24小时值班等社区疫情防控工作，她一样不落。企业复产复工之后，陈红云不仅在巨利复工群里为企业答疑解惑，还耐心仔细地为企业办理复产复工的相关手续。有一次在傍晚时段，前来复产复工的企业特别多，陈红云顾不上吃晚饭，一家一家地为企业办理手续，一直忙到晚上9点多才和同事一起匆匆忙忙解决了晚饭。

陈红云为辖区居民和企业办理各种事务

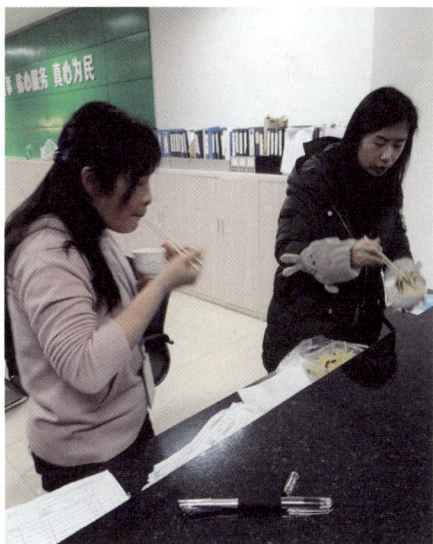

陈红云热心为居民服务

疫情防控不放松

紧急救助社区居民

四、隔离病毒不隔离爱、紧急开通绿色通道

"我老婆肚子疼得不行了，怎么办？怎么办？"2020年1月31日中午，巨利社区突然接到居家观察人员赵伟的求助电话。

赵伟在巨利社区辖区内的一家康复医院工作，刚从外地返回富阳。他的妻子身怀六甲，突然又遇到了这样的情况。当时正值疫情防控一级响应的严格管控时期，施玉升既是房东，又是抗疫一线人员，他一面安慰赵伟一家的情绪，一面与社区商讨对策。面对这一紧急情况，决定马上呼叫120，等到救护车到，施玉升、社工、巡防队队员等，大家齐心协力将已经不能动弹的孕妇抬上了救护车。在医院观察期间，施玉升每天耐心询问赵伟一家的身体情况，直到最后他们平安出院。赵伟特地送来感谢信和锦旗，以表示对社区和施玉升的感激之情。疫情之下，让他深深感受到了什么叫作"杭州温度"。

第六章　知名单位共护平安

平安，是巨利社区最鲜明的特色。巨利社区的辖区内有富阳区消防救援大队，还有众多医疗机构。巨利社区通过与这些单位联动共建，细心地呵护着每一位居民的平安。

巨利社区消防宣传栏

第一节　一场与急性心肌梗死的时间赛跑

2019年10月9日下午，空气中还带着一丝灼热。富阳区第一人民医院的急诊室里，来了一位70多岁的老年患者。

接诊医生赶紧给患者进行初步的检查。这名患者自称，突发胸闷心悸已经3个多小时了。

情况不妙，马上做心电图。急诊医生们立刻忙碌了起来。心电图结果很快出来了：下壁心肌梗死。

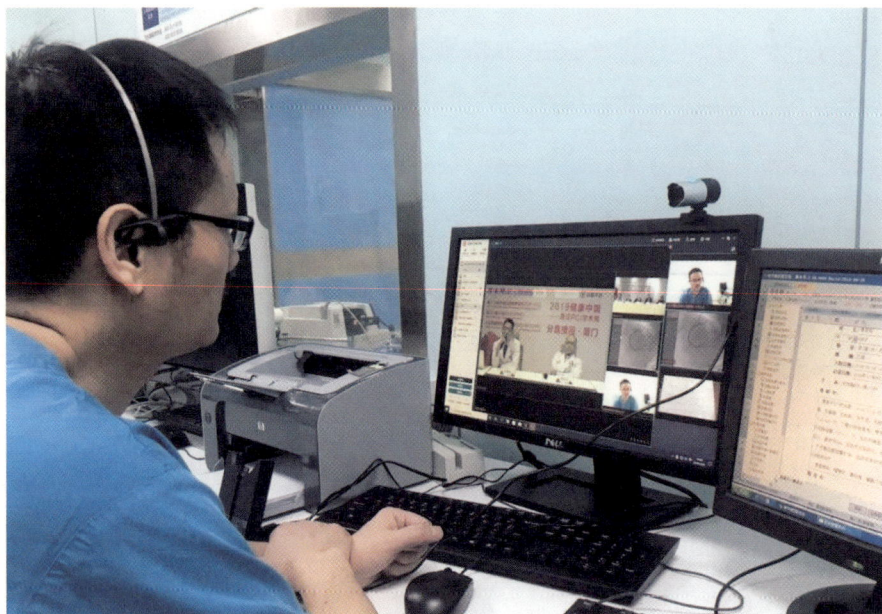

富阳区第一人民医院为患者进行冠状动脉介入治疗

考虑到患者既往有明确的高血压病史，富阳区第一人民医院立即开通绿色通道，直接将患者送进介入导管室。冠状动脉造影提示，前降支近中段弥漫性长病变伴严重钙化，最狭窄95%；回旋支近段钙化，近段弥漫性狭窄80%；右冠全程钙化影，近段起完全闭塞。

用通俗的话说，患者心脏血管的大部分都堵住了。

医生和患者家属沟通后，决定立即进行急诊冠状动脉介入治疗，否则患者随时会有生命危险。

冠状动脉介入治疗，就是经心导管技术疏通狭窄甚至闭塞的冠状动脉管腔，从而改善心肌的血流灌注。

时间就是生命！富阳区第一人民医院心内科党员何正飞医生带领胸痛中心团队立即为患者实施急诊冠状动脉介入治疗手术，并现场紧急联系"第30届长城心脏病学会议"组委会，协调手术直播。术中，何正飞医生进行闭塞血管球囊扩张操作，约15分钟后血流恢复并植入支架，得到了观看直播专家的认同。

在实况直播过程中，心内科党员何正飞、孙凌刚，入党积极分子陈志云组成的胸痛中心团队一边为患者实施手术，一边和组委会的专家详细沟通手术的策略、相关并发症的预防、遇到问题时的解决办法，整台手术用时仅30余分钟。

急诊冠状动脉介入治疗手术的实况直播，充分展现了胸痛患者接受治疗的真实过程。对患者的诊断、病情的评估、风险的预防、手术方案的制订、合并症的预防及处理、术后管理等等，都是完成一台急诊冠状动脉介入治疗手术所需要的功课，但是急诊冠状动脉介入治疗又突出一个"急"字，所有的决定都必须在很短时间内做出，这也更加凸显了富阳区第一人民医院胸痛中心团队的经验和水平。

第二节 结对帮扶 八旬老人重见光明

"看见了！我又看见了！"2019年9月26日上午，在离杭州千里之遥的贵州省黔东南苗族侗族自治州锦屏县人民医院五官科病房，86岁的老人罗玉桃刚被取下纱布，就禁不住惊呼出声。

取下纱布后，重见光明的罗玉桃老人迫不及待望向窗外，曾经熟悉的蓝天白云绿树映入眼帘。时隔三年后再次看清自己的女儿，老人抚着女儿的脸，笑着笑着就流出了一行热泪。

罗玉桃老人家住锦屏县平秋镇岑巩村一组。三年前，罗玉桃就发现自己的两眼视力越来越模糊："手在眼前晃，也看不见。"她想治，但也深知自己依靠打工收入的家庭经济付不起这手术费，再加上县里没有开展白内障手术，"想到要去凯里、贵阳那么远，这把年纪就算了"。

付不起手术费，一拖再拖，罗玉桃老人只能每天忍受白内障失明之苦。

此刻，在千里之外的杭州，为高标准、高质量开展"不忘初心、牢记使命"主题教育，富阳区第一人民医院结合医院实际，确定"三学三争建新城，争做健康守护人，打造百姓满意、员工幸福、政府放心的公立医院"的宗旨。贵州省黔东南州是杭州的对口帮扶地区。富阳区第一人民医院决定开展"富阳—锦屏送光明"白内障手术救助活动，由眼科主任方华带领眼科团队，不远千里前往贵州省锦屏县人民医院，为50位白内障患者免费进行手术，帮助锦屏贫困家庭恢复劳动生活能力，实现自助脱贫。

　　"杭州市富阳区第一人民医院的眼科专家要来锦屏，免费为贫困白内障患者做手术……"2019年8月，锦屏县人民医院在各村卫生室的医讯发布，重新点燃了罗玉桃这些农村贫困老人心中久藏的"光明梦"。

　　据锦屏县人民医院五官科主任徐世林介绍，该次手术的50位白内障患者，全都是经过医院筛选，病情较重的患者，而他们绝大多数都和罗玉桃老人一样，由于经济问题付不起手术费，病情没有得到及时治疗。

　　2019年9月26日这天，在锦屏县人民医院五官科病房里，当老人们的眼罩被陆续揭开，安静的病房顿时热闹起来。

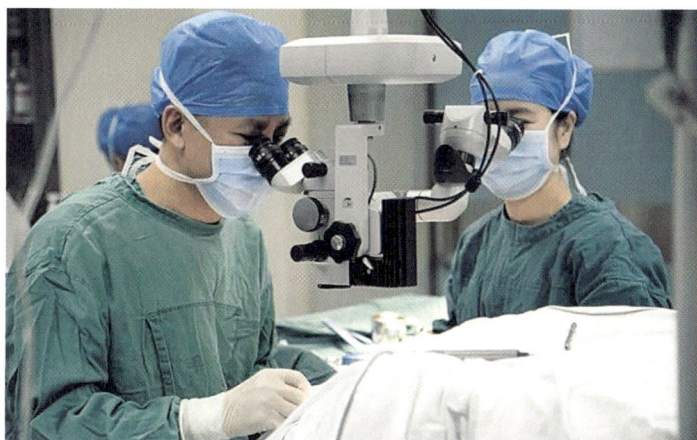

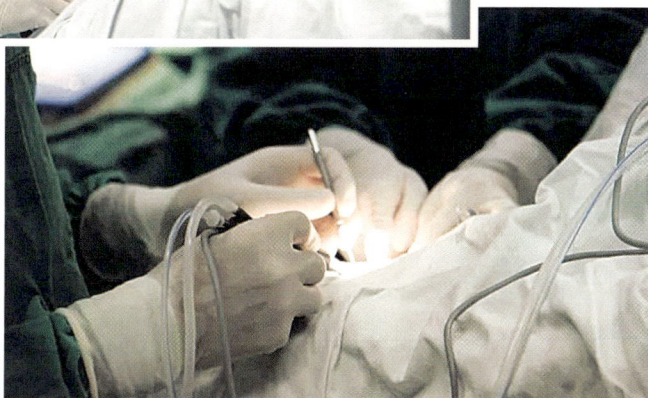

富阳区第一人民医院为贵州省锦屏县贫困村民免费进行白内障手术，让村民们重见光明

大同乡兴合村84岁的老人欧仁元，2017年双眼因白内障导致失明，生活无法自理。接受手术后，他的双眼从仅有光感变成了左0.3、右0.4。他难掩激动的心情，哽咽地说："我终于能看见了。"

平略镇平略村46岁的陆政玉是该次手术中最年轻的白内障患者。还有仅比她大一岁的三江镇飞山社区居民王木凤，两人的单眼白内障术后，视力均从"光感"变成了1.0。两人感慨万千："我们终于可以出去打工养家了。"

幸福来得这么突然，这么简单。得知自己的这次白内障手术检查免费、手术免费、住院免费，不用一分钱，患者们淳朴的一声声"谢谢"，说得真诚，发自内心。

这份千里情缘，使这些白内障患者重新恢复了自主劳动生活能力，更给这50个贫困家庭带去了温暖和希望。

而在病房的另一边，看着这些老人们脸上洋溢着的欢悦神采，富阳区第一人民医院眼科主任方华和他的队友羊燕华、蒋建军，也欣慰地笑了。

这个时候，欧仁元老人在家人的搀扶下来到方华主任面前，紧紧拉住他的手，一遍遍地说着："感谢政府的好政策，感谢富阳好医生……"

第三节　摄影采风偶知病人　联合诊疗送医上门

2019年10月24日恰逢"霜降"，在这个已经微冷的下午，对于住在海拔600多米的富阳区后亩山村民马大伯来说，却是暖暖的。因为在这个下午，由富阳区第一人民医院肝胆胰外科主任李国伟牵头的诊疗小组到马大伯家中，为老人送去了久违的问候和一场高山顶上的多学科诊疗（MDT）。

当时，马大伯已经63岁了，有糖尿病史多年。马大伯三四年前受家庭变故的刺激诱发脑梗死，导致言语障碍、右侧肢体偏瘫行动不便。谁知屋漏偏逢连夜雨，在他患病治疗期间，老婆和女儿竟然弃他而去。出院后的他独自一人住在10平方米不到的老房子的堂屋里，就靠政府给予的低保补贴和亲戚邻居的照顾过活。

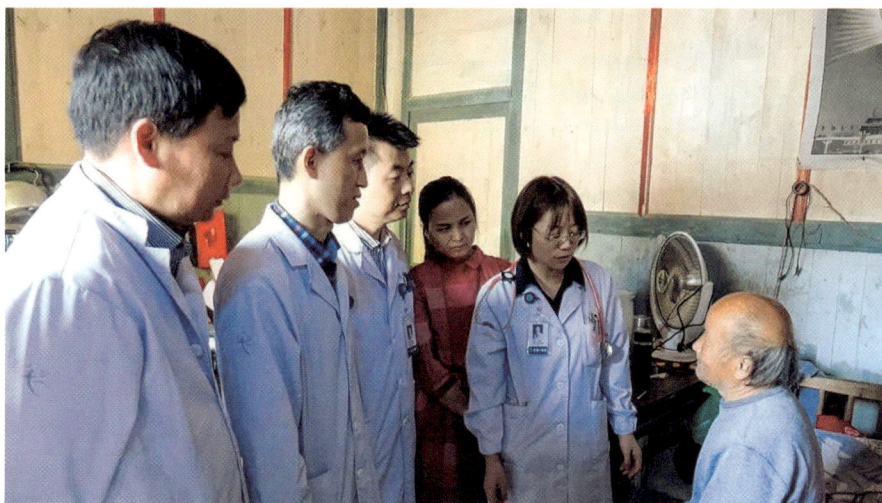

富阳区第一人民医院的医生前往贫困户家里诊疗

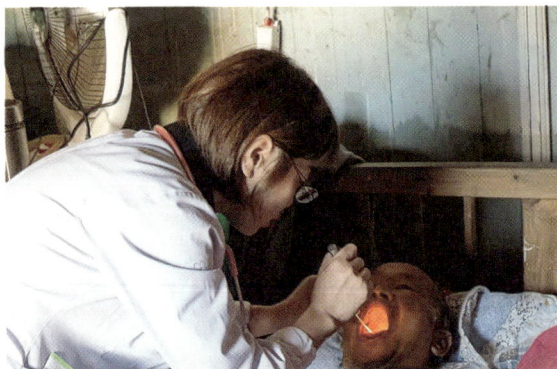

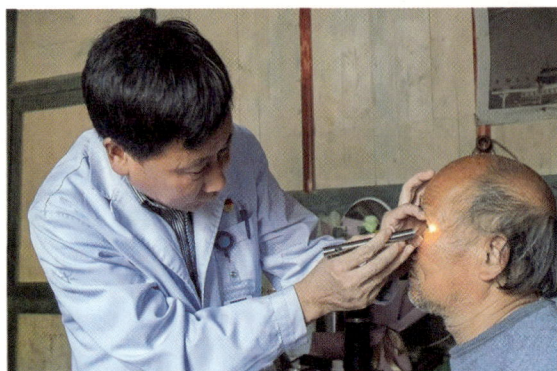

为贫困大伯送医上门

李国伟医生不仅是富阳区第一人民医院肝胆胰外科的主任，还是一名摄影爱好者，同时也是富阳区第一人民医院摄影协会会长。在一次上后亩山采风的时候，李国伟偶然从村民口中了解到马大伯的情况，顿时就有了和人民医院专家团队上门为老人义诊的想法。

很快，多学科诊疗小组成员带着一些生活用品和牛奶，翻山越岭驱车近一个小时来到了后亩山，在当地村支书的带领下来到马大伯家里。站在织着一张大大的蜘蛛网的门前，老人生活起居的家一览无余，看见老人衣衫褴褛地坐在杂乱的床沿边，所有人一阵心酸。家徒四壁的境况更是深深地刺痛了所有人。

看到突然出现在家门口的一群穿着白大褂的陌生人，马大伯满脸疑惑。李国伟赶紧上前握住马大伯的手，亲切地说明来意。老人听说是富阳区第一人民医院专家团队专门上山为他看病，颤颤巍巍地努力想站起来道谢。神经内科副主任陈建娥医生急忙上前扶着老人，协助老人在床上躺好，仔细地为老人进行神经内科专科体检。马大伯也根据医生的指令认真配合着，虽然有些口齿不清，但有问必答。

考虑到老人活动不便，基本都是卧床，重症医学科主任唐卫东医生为老人仔细进行了心肺听诊。耳鼻喉科主任张建国医生也为老人进行了双眼检查，建议老人在条件许可的情况下进行白内障摘除术。李国伟也打电话邀请了常安社区卫生服务中心副主任羊东波和家庭医生程娟，十五分钟后他们就到了现场，双方就马大伯的健康状况交流了下一步的治疗意见。

诊疗结束后，社工部护士和志愿者还搀扶着老人到门前的水泥路上"散步"，一边谈心一边指导老人怎样进行肢体功能锻炼。步履蹒跚的马大伯满面笑容，他说自从出院回家后这是他第一次走出家门，他真的很开心。最后，李国伟医生为老人送上鲜花，希望老人保持乐观向上的心态，坚定生活的信念。

虽然老人言语、行动不便，但是从他寥寥数语中，现场人员都体会到了老人发自内心的感谢。活动发起人李国伟表示，此次活动借助开展"不忘初心、牢记使命"主题教育为契机，将社团活动与党员义诊活动相结合，接下来他们还将定期对老人进行跟踪回访。

通过与社会公益组织的共同协作，党员医生团队充分发挥先锋模范带头作用，为富阳偏远地区群众提供更加优质便捷的医疗卫生服务，也为县域医共体服务模式注入了新的活力。

第四节　"守初心、担使命"义诊活动暖人心

为认真贯彻落实"不忘初心、牢记使命"主题教育精神，进一步深化主题教育感悟，增强在卫生健康领域为人民服务的主动性和自觉性，2019年9月21日上午，中共杭州市富阳区第一人民医院行政党支部联合医技党支部，组成志愿服务队在巨利社区开展"服务百姓健康行动"宣传义诊活动，引导党员干部坚守医者敬畏生命、救死扶伤的初心和使命，以实际行动守护百姓健康，向中华人民共和国成立70周年献礼。

自开展"不忘初心、牢记使命"主题教育以来，富阳区第一人民医院积极响应上级部署和要求，加强组织领导，积极行动。各党支部认真开展党员自学和集中学习，把"学"和"做"相结合，知行合一，学以

富阳区第一人民医院的医生在巨利社区开展义诊活动

富阳区第一人民医院的医生在巨利社区开展义诊活动

致用，组织开展"九个一"工作，此次义诊也是落实"做好一次志愿服务"工作的具体实践。

义诊报名时，支部党员们纷纷主动报名，组成了由中医科、心内科、精神科、呼吸科、外科、骨科、口腔科、药剂科等多个科室党员专家组成的"超强阵容"，包括心内科主任医师何正飞、主任医师张芑元，主任中医师申屠瑚明，精神科主任医师章浩明，他们均是富阳医疗届的"大咖"，以实际行动践行主题教育，诠释维护人民健康的初心和使命。

义诊现场，党员们为社区居民提供免费检查、家庭护理指导和用药指导服务。在整个活动过程中，问诊的人群络绎不绝，党员志愿者们穿梭其中，引导就诊人群、宣传相关知识，发放宣传资料，普及医学常识和健康知识，倡导健康生活方式。

此次活动共接待群众200余人次，测血糖血压共100人次，分发三减三健、减盐核心信息、爱牙护齿、用药知识等宣传材料800余份，得到了居民的一致好评。党员们纷纷表示："义诊虽然是主题教育中很小的一部分，但是作为共产党员，为人民群众的健康保驾护航的初心没有改变，扎根内心的使命没有忘怀。"

第五节　农妇受伤难动弹　消防队员急帮忙

2019年的一天傍晚，富阳消防中队的消防员魏嘉诚和他的战友刚刚处理完一起火情，正驾车回中队吃晚饭。

"停一下，停一下，快，靠边，靠边！"忽然，前排的指导员焦急地说道。魏嘉诚顺着指导员手指的方向定睛望去，一名农妇倒在马路中间呻吟着，看着她十分痛苦的模样显然是已经受伤了。

魏嘉诚随即下车跑到农妇的身边。"哎呦喂，哎呦喂，我怎么这么倒霉啊，这剐千刀的，车子开这么快……"从农妇断断续续的言语中了解到，原来妇人是东洲的一名菜农，刚结束了一天的辛劳，骑着电动车从富阳城东农贸市场出来，刚过了转弯的红绿灯就被一辆飞驰而过的摩托三轮车给蹭倒了，摩托三轮车驾驶员，好像压根就没发现自己惹的祸，开着车一溜烟就跑了。

"魏嘉诚，你去车上拿两个警戒锥做一下警戒，这车来车往的太危险了。"接收到指导员的命令，魏嘉诚立马行动起来。

"大姐，我们先扶您起来，这车来车往的，您躺在马路边太危险了""好！好！好！谢谢你们！真是谢谢你们！"大姐被消防员们扶到路边坐着。

"看您的样子摔得估计不轻，我看您上我们车，我们带您去医院吧。""不用了，不用了，我刚刚已经电话联系过我丈夫了，他一会就到。"大姐说道。

"老马，少伟你们到前面暂时维护一下交通秩序，可千万别出交通事故了。"指导员说道。

"你们人真好，富阳有你们这群小伙子守着啊，我们放心。"大姐向消防队员竖了竖大拇指，"我躺在这里好久了，车来人往也没有人帮我，要不是你们，我真不知道该怎么办好啊。"

过了一会儿，大姐的丈夫赶到了。"你可算来了，多亏了这群小伙子啊，要不我真不知道要怎么办好了。"大姐看到丈夫到了，心也一下子安心下来。

"好了，大哥，您赶紧带大姐去医院检查检查吧，我们也该走了。"指导员说道。"谢谢你们！谢谢你们！"大哥握着指导员的手连声道谢。

富阳区消防救援大队进行灭火救援

　　"走了，东西收一收回去吃饭吧。"

　　车窗外的风随着夜色渐渐转凉了，魏嘉诚望着窗外的万家灯火，心中充满着守护一方平安的自豪。

第六节　消防队门口突然出现神秘的包裹

2019年初春的一天，富阳区消防大队门口，突然出现了好几个神秘的包裹……

消防队员打开一看，都是奶茶、凉茶等饮料。原来这是热心市民送给消防队员的慰问品。

市民们怎么会想到给消防队员送饮料？就在那之前不久，四川省凉山彝族自治州的森林大火夺去了数十名消防队员的生命。在追悼会上，大家泪别英雄；追悼会之外，富阳的热心市民也把关怀送给了身边的消防卫士。

据富阳消防大队的后勤人员介绍，送凉茶饮料的市民将东西整齐堆放在门口后，便离开了，并不愿意留下姓名。

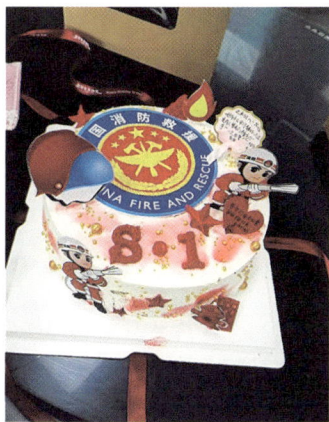

热心市民为消防队员送上蛋糕

悼念四川省凉山彝族自治州牺牲的消防战士

2019年4月4日晚，为了悼念四川凉山彝族自治州牺牲的灭火英雄，两家公益组织在富阳区龙浦街上组织了有350余名市民参加的"救火英雄 浩气长存——悼念3·31消防英雄"活动。在活动现场，大家共同点燃蜡烛，围成心形，有序列队站立。大家手持菊花，默哀三分钟，对牺牲消防战士的照片三鞠躬行礼。

2019年的资料显示，富阳区消防救援大队始建于1960年2月，原址在迎春路，现位于公望街470号，主要承担富阳全区1831平方公里，24个乡镇、街道，约71万人口的消防安全保卫和灭火救援任务。

截至2019年，富阳区消防救援大队共有3个消防中队，执勤车辆12辆，其中水罐消防车1辆、泡沫水罐消防车6辆、抢险救援车3辆、高喷车1辆、登高车1辆。

建队至今，富阳区消防救援大队的工作目标一直是"建一流班子，创一流业绩，促一方平安"。2002年以来，大队荣立集体三等功2次，曾连续多年获评先进大队。在2002年"8·26"富阳金龙乳胶厂火灾扑救过程中，涌现出了沈佳骏、黄凯辉、陶贞红三名一等功臣和部分优秀指战员。大队先后有3人荣立一等功，4人荣立二等功，24人荣立三等功、9人考入部队院校，70多人被支队以上级单位评为优秀党员、优秀士兵。

现在，消防员成了公众眼中无所不能的"全能选手"，只要有困难

巨利社消防培训

就会想到找消防员。面对火灾、爆炸等突发灾难，消防员们总是第一时间，冒着危险毫不犹豫地冲上去。为了大家的人身安全，希望每个人都能将消防安全牢记在心。

第七章　历年报道

在创建五星级文化家园的历程中，巨利社区屡次受到新闻媒体的关注。来看一下新闻媒体对巨利社区都有哪些报道。

第一节　和"僵尸车"说再见

本报讯（记者　何芳芳　通讯员　盛何钢）　既可当出行或运货工具，停着还能当临时"仓库"，一些从事废品收购的人或无证摊主几乎人手一辆电瓶三轮车。富阳自2017年12月禁行电瓶三（四）轮车以来，很多电瓶三轮车就一直停放在公共场地，有的直接废弃不用，从而成为"僵尸车"，给社区卫生整治带来困扰。社区工作人员一直劝导车主尽快将车挪走，但收效甚微。

春节期间，巨利社区联合区城管局城西

富阳日报 FUYANG DAILY　2018年2月24日　星期六　责任编

72岁老人被砸倒
被救醒后，无论如

一声叹息

记者 张柳静 通讯员 张宇杰

前两天，春江某造纸厂一名员工在上泊中，喊他都没反应了。随着警方和120对于是谁伤了他，老人始终不肯吐露半句

72岁老人在血泊中躺了一夜

受伤的老人今年72岁，住在这个员工宿舍的人都认识他，个子只有1.5米，一把年纪还整天操劳，平时和大家碰面都会打个招呼，大家喊他老杨（化名）。

老杨被送医院时，头上被砸出5个窟窿，应该是用平时家用的小榔头砸的，血流得衣服上都是，整个人都没了知觉。医生说，老杨被送到医院时，离

为了要回工资卡，儿子砸伤父亲

老杨父子都是江西人，来富阳春江打工已经十多年了。因为杨某在春江某造纸厂上班，他们父子就一起挤在造纸厂十多平方米的员工宿舍。

杨某其实是老杨的小儿子，还有个大儿子在老家，也还未婚。老杨的妻子说话不太利索，脑子转得慢，这毛病都遗传到了两个儿子身上，老杨辛苦了大半辈子，一把年纪还放心不下这两个儿子，平时靠捡垃圾存几块钱，希望补贴

城事 5

血流
说出是谁干的
可怜天下父母心

走廊上一名老年男子躺在血
人总算是捡回一条命，不过，

命都没了，
民警对他
不肯说到
还胡编，说

对该案进
一起居住
2岁，不过

℃的工资，
这钱却很
怕儿子乱
骗钱，因
要交给他

亲讨回工
亲回来了
自由。杨
绪用语言

一直没有露面，据邻居称，前一天还听
到了双方的吵闹声。徐雪楠怀疑，老人
受伤和这个小儿子脱不了干系。

随后，杨某被警方传唤到了派出
所。此时杨某面色凝重，他主动承认，
父亲老杨就是他亲手砸伤的！

儿子都亲口承认了，病床上的老杨
忍不住老泪纵横，絮絮叨叨地倾诉了半
日。

然拿起了放在屋子角落里的榔头砸向
了父亲……

等老杨倒在地上后，杨某才找回了
一点理智，看到满头是血的父亲，吓得
扔了榔头就跑出了家门，一夜未归。

老杨当时还有意识，拼命从屋里
爬到了走廊上，不过当时宿舍的人大
多回老家过年。老杨在宿舍走廊上躺
了一夜，一直到第二天上午，楼上有人
下楼来，这才看到了躺在血泊里的老

和"僵尸车"说再见

本报讯（记者 何芳芳 通讯员 盛何
钢）既可当出行或运货工具，停着还能当
临时"仓库"，一些从事废品收购的人或无
证摊摊主几乎人手一辆电瓶三轮车。富
阳自2017年12月禁行电瓶三（四）轮车以
来，很多电瓶三轮车就一直停放在公共场
地，有的直接废弃不用，从而成为"僵尸
车"，给社区卫生整治带来困扰。社区工
作人员一直劝导车主尽快将车挪走，但收

效甚微。

春节期间，巨利社区联合区城管局城
西中队对辖区内电瓶车、电瓶三轮车及废
弃三轮摩托车等"僵尸车"开展集中整
治。发送告知书，要求限期自行清理；到
期未清理的统一清运。此次整治，巨利社
区共清运各类"僵尸车"13辆，这些车辆
被编号后统一停放。

《富阳日报》上的《和"僵尸车"说再见》

117

中队对辖区内电瓶车、电瓶三轮车及废弃三轮摩托车等"僵尸车"开展集中整治。发送告知书，要求限期自行清理；到期未清理的统一清运。此次整治，巨利社区共清运各类"僵尸车"13辆，这些车辆被编号后统一处理。

（《富阳日报》2018年2月24日5版）

第二节 送绿化进社区

本报讯（通讯员 汪敏儿 李武 记者 许媛娇） 昨日上午，巨利社区在巨利新村区块开展了"送绿化进社区"活动。本次植树活动所栽种的树苗由区住建局及其下属园管局等单位提供。经过一上午的劳动，巨利新村区块的环境焕然一新。接下来，巨利社区还会继续组织开展形式多样的爱绿护绿行动，以及大手牵小手爱绿系列活动，做到人人参与，让绿意点亮巨利社区。

（《富阳日报》2018年3月13日2版）

第三节　朱党其督查宣传思想工作责任制落实情况

为深入贯彻全国宣传思想工作会议精神，切实承担起举旗帜、聚民心、育新人、兴文化、展形象的使命任务，以区委领导带队的督查组近期将对全区乡镇街道和部门的宣传思想工作责任情况开展专项督查。9月3日下午，区委书记朱党其在督查时强调，要认真学习贯彻会议精神，按照党中央和省市委部署，坚持党建引领，压实责任、层层推动，增意识、强责任、求实效，切实推动全国宣传思想工作会议精神在富阳落地生根、开花结果。区委常委、宣传部部长夏芬陪同。

朱党其一行先后调研了巨利社区、富阳学院，了解富春街道、区教育局的宣传思想工作开展情况。在随后召开的工作汇报会上，富春街道、永昌镇、区教育局负责人汇报了相关工作。区委宣传部负责人介绍全区宣传思想工作责任落实检查情况。

朱党其充分肯定了三家单位在推动宣传思想工作中取得的阶段性成果。他说，富春街道以提升党员精神状态转型为重点抓手，以打好转型硬仗为载体，通过抓实抓细宣传思想工作，促进全街道党员干部精神面貌大提升，引导社会文明风尚不断趋好。永昌镇以活动开展为载体，通过乡贤回归等多种形式，推动基层宣传思想工作不断提质提效。区教育局挖掘榜样故事、树立身边典型，通过宣传身边典型、学习身边典型，唱响了教育阵地的宣传思想主旋律。

朱党其指出，做好新形势下宣传思想工作，富阳任重道远。要看到并对标党中央和省市委工作部署、对标大都市新型城区的建设要求，当前富阳存在着对宣传思想工作认识不够到位、工作方法比较简单、工作责任层层递减、教育宣传内容较为乏味、活动开展效果不够理想等问题。下一步，要坚持以习近平新时代中国特色社会主义思想和党的十九大精神为指导，增强"四个意识"、坚定"四个自信"，促进全区人民在理想信念、价值理念、道德观念上紧紧团结在一起，为服务党和国家事业全局、为推动高质量全区转型作出更大贡献。

朱党其强调，要进一步提高思想认识，准确把握宣传思想工作的重要地位。意识形态工作是党的一项极端重要的工作，各党（组）委要切实增强政治意识、政权意识和阵地意识，增强历史使命感和现实紧迫感，坚定不移地做好宣传思想工作，牢牢掌握宣传思想工作的主动权。要用科学方法不断加强阵地建设，坚持党建引领，加大党内宣传教育力度，把党员干部教育和管理作为全社会教育的正确导向，狠抓各领域、各平台的阵地教育工作，加大教育宣传，弘扬优秀文化、建立文化自信、加大人才培养，传递正能量、唱好主旋律。要完备机制、强化措施、压实责任，加快制定并完善工作责任机制、教育机制、活动机制、党员干部带动引领机制、督查机制等，加大城乡精神文明建设力度，确保软件、硬件"两手抓两手硬"，坚持党员干部带头、发动全民参与，切实推动全国宣传思想工作会议精神在富阳落地生根、开花结果。

（富阳新闻网2018年9月3日 记者 包健）

第四节 巨利社区：搭建家门口的"文化综合体"

——在党建引领下"做活动"，和谐邻里关系

居民自发组建服务队，营造感恩文化氛围

记者 仲芷菡、王小奇 通讯员 王骄阳

不走远路，就能找到一处看书、运动、活动、纳凉的地方，哪里会有这样的惠民空间？不出家门，就能根据微信平台推送消息得知近期的社区活动并报名参加，你会不会向往这样的生活？想群众之所想、解群众之所困，作为一个2012年才成立的社区，富春街道巨利社区积极推进文化家园建设，实实在在地为居民搭建家门口的"文化综合体"。

走进位于巨利社区办公地点四楼的文化家园，首先映入眼帘的是点缀在过道两侧墙面上的一抹抹新绿，这是巨利社区的"主打色"：绿，寓意和谐。离楼道口最近的办公室就是社区"最多跑一次"居民接待处，与1：100的社区用地规划图相对。一幢幢已建成或还在建设中的楼宇、园区，在规划图上一一呈现，寄托着巨利居民对未来生活的美好期盼。

沿着过道往里走，除了社区工作人员的常规办公室，还有青少年活动中心、图书阅览室、健身排练室等错落其中，舒适的软装环境丝毫不亚于专业图书馆、健身房。这不仅为居民的生活休闲提供了极大便利，也凸显了社区空间的公益性、群众性。"一到暑假，这儿可热闹了，尤其是学生群体和老年人，都爱往社区文化家园跑，邻里间的交流变得更

多了。"巨利社区党总支书记陶晓华说。

　　值得一提的是，在巨利社区文化家园内，"见缝插针"地布置着许多影像资料，有志愿者服务队的身影、主题日活动的回顾等。用陶晓华的话来说，文化家园不能只见房子，不见活动。因此，在党建引领下"搞活动"，一直是巨利社区促进文化建设的强有力载体。"比如社区会整合辖区单位的资源，开展军民共建、在职党员圆梦微心愿、送戏下乡、草根文化汇演等经常性活动，满足居民的不同需求。还有每月一次的'主题日活动'，月月焦点不重样，促进社区原住居民和新巨利人之间的邻里关系。"陶晓华说道。

　　正因为有丰富多彩、形式多样的活动作为支撑，社区文化家园的墙面从来不愁没有照片装饰。"照片展示的意义，从来都不仅仅是一次活动而已，社区更希望以这样的方式为居民保留记忆，传承文化，促进和谐社区建设。"陶晓华说。

　　在各类活动的推动下，不少素未谋面的居民都慢慢认识了，从"点头之交"，变得更亲近了。

　　只要关注巨利社区的微信公众号，居民就可以实时收到社区推送的信息与活动通知，并报名参与。其中绝大多数活动，是社区文化家园结合自身的党建共建共享平台，与社区在职党员志愿者和文艺骨干们共同努力完成的。

　　和谐的社区环境，营造过程并不是一帆风顺的。据陶晓华介绍，若时间倒推三四年，社区牵头组织一个活动都很难。正是因为没有放弃，越来越多的居民才看到了社区创建文明新风的决心与恒心，并选择加入进来，逐渐感受到其中的乐趣。

　　"比如前几年社区有一支健身球操兴趣队，当年听队长李长水说得最多的几句话就是'今天又走了几个人'，'队里没剩几个人了'，如今不要说健身球操了，在巨利，几乎人人都有'兴趣班'。一到晚上，社区的角角落落都是居民自发组队的身影。"陶晓华说。近年来，巨利社区已陆续成立了捐助帮扶、法律维权、医疗保健、美化家园、宣讲团、消防安全督查等团队以及3支舞蹈队、9支志愿者队伍，覆盖"扶老助残、圆梦微心愿、民情快递、文明领航"4个领域，营造出浓浓的感恩文化氛围，居民之间的关心也更加和谐了。

社区正在逐步建立完善文化家园的长效管理机制，积极培育文化骨干，从人才保障、活动管理、激励考核等方面提供支撑保障，让文化家园真正成为百姓心中温暖的精神家园。

（《富阳日报》2018年9月25日3版）

第五节　外来人口密集的巨利社区，如何高效治理

党建"同心圆" 构筑社区治理"共同体"

本报讯（记者　仲芷菡　通讯员　王骄阳） 近日，2018年度杭州市社区文化家园星级评定结果公布，巨利社区是全区唯一一个获评杭州市五星级社区文化家园的社区。

整合资源，组建特色先锋队

"这次评选是杭州市首次开展五、四、三星级社区文化家园评定工作，内容涵盖设施建设、内容建设、队伍建设、活动开展、特色创新、惠民利民等社区文化家园建设的方方面面，通过多个环节角逐而出，荣誉是对我们的肯定，更是鞭策。" 巨利社区党委书记陶晓华说。随着城市化进程的不断加快，社区规模扩张加剧，管理区域扩大，服务人口增加，社区群众的需求也越来越多元化，如果社区工作人员力量无法匹配，就会出现"小马拉大车"的被动局面。

尤其是巨利这样十分"年轻"又聚集众多外来人口的社区，如何高效治理还能"花小钱办大事"？陶晓华给出答案：探索建立以社区党组织为圆心，驻区单位党组织为连心层，社区服务能力为半径的党建"同心圆"，从而构建各方围着核心转、齐抓共建"一盘棋"的工作新格局，构筑起共建、共治、共享的社区治理"共同体"。

而这样的思路，也同样沿用到了今年富春街道着力开展的"创文明

大行动"中。

为提升城市治理水平，打造社区品牌特色，拓展共建共治共享的社区治理格局，巨利社区联合"城市大党建"的25家共享单位，组建了3支特色"先锋"队伍：由区城管局城西中队、区卫生监督所、区文广新局、水稻研究所等组成的环境提升先锋队；由卫生监督所、疾控中心、特殊学校等组成的文明劝导先锋队；由富阳区第一人民医院、区统计局、洞桥镇流动支部等组成的平安巡防先锋队。

关注细节，提升基层自治能力

在环境卫生提升中，巨利社区提出"细节决定成败"，例如楼道处的报箱、牛奶箱、扶手、窗户、空调外机背后等犄角旮旯，都是容易被忽略的地方，辖区内的空地、花坛常常成为居民随意种菜的"好地方"。在创文明行动中，社区联合区城管局城西中队对这些菜地进行综合整治，投入资金购买花籽，在空地内播种，让空地成为别样风景线。

文明劝导先锋队做出了先行示范作用，在辖区内斑马线处引导车辆礼让行人，在住房安全通道口劝导文明停车，在楼梯口、广场周边整理共享单车摆放。文明行为的率先垂范与积极引导，让社区居民看在眼里，赞在心里，牢记心间。

社区针对自身管辖面积大，人员配置紧张的特点，平安巡防先锋队"日夜兼程"，安排了日间巡防和夜间巡防"双保险"。日间巡防由网格长带领网格员负责，夜间巡防由平安巡防先锋队负责，双管齐下，充分发挥平安巡防先锋队的作用。在日常巡防中，对楼道内的灭火器进行检查，对巡防中发现的问题及时报送，及时解决，推动社区平安巡防工作向纵深发展。

多方联合，资源共享共赢发展

近年来，巨利社区已陆续成立了捐助帮扶、法律维权、医疗保健、美化家园、宣讲团、消防安全督查等团队以及3支舞蹈队、9支志愿者队伍，覆盖扶老助残、圆梦微心愿、民情快递、文明领航4个领域，营造出浓浓的感恩文化氛围，居民之间的关系也更加和谐。

"特色先锋队的组建无疑是为社区治理锦上添花，让我们巨利社区在'创文明大行动'中做出了自己的风格和特色。" 陶晓华说，因为充分利用共享单位的资源优势，积极发挥共享单位的专业技能，社区治理进一步实现了资源共享、优势互补、共赢发展。

形成这样的基层治理格局，直接受益的便是社区居民。

"现在报名参加社区活动都是先到先得，社区文明氛围好，大家参与的积极性都高了不少。"居民钱爱琴是社区健身球操兴趣队的队长，直言如今的"巨利人"，几乎人人都有"兴趣班"，逢年过节的社区活动都有男女老少积极参与，居民之间愈发团结。在巨利新村居住的陈夏芬也忍不住夸赞，虽然社区外来人口流动性大，但社区牵头构建的自治体系，不仅让居民感受到生活环境的变化，更有十足的安全感和归属感。

（《富阳日报》2018年12月19日4版）

第六节　富春街道开展城市文明提升大比武

35个社区、9个股份经济合作社全部参与

记者　王小奇　通讯员　王骄阳

6月11日，富春街道召开城市文明提升大比武动员大会，提升全街道"奋力争先、勇创一流"的文明创建氛围，持续巩固深化全国文明城市创建成果。街道35个社区、9个股份经济合作社等相关负责人参加。

每季度开展一次文明提升大比武

根据富阳区文明城市创建的总体要求，结合第一季度文明指数测评情况，以"比氛围、比安全、比环境、比秩序、比素养"为主要内容，全面提升城市文明程度。

富春街道的35个社区、9个股份经济合作社，每个季度开展一次城市文明提升大比武，不断深化文明城市创建活动，构建文明创建新常态。

按照实际情况，富春街道将35个社区分成三类进行比武。

A类，以封闭式小区为主，区域范围较小，基础情况较好的。包括鹳山、江滨、春南、春晖、春秋、凤浦、文采、金苑、桃源等9个小区。

B类，封闭式小区和开放式小区相对均衡，区域范围适中，基础情况一般的。有城东、新民、后亭子、太平桥、秦望、城西、后周、戴家墩、东兴、百合、金秋、金桥、镬子山、恩波、东山、大盘山等16个小区。

C类，以开放式小区为主，区域范围较大，基础情况较差的。包括盘龙山、虎山、蒋家桥、巨利、新汇、金家桥、香槟、秋月、苋浦、鹿山共10个社区。

此外，9个股份经济合作社按照原环境提升大比武划定区域进行比武，重点突出文明测评检查内容，成绩同时计入所辖社区。

通过多种方式进行测评

此次城市文明提升大比武的比武标准为《杭州市城市文明程度指数测评实地考察标准》和富春街道文明提升行动大比武评分标准，通过定时检查、暗访曝光、义务督查、测评成绩等方式进行。根据检查情况，文明提升行动大比武的阶段性结果，将在区级媒体上给予点评、通报；比武成绩纳入各单位年度综合考评，并与社区书记、主任个人年度考核挂钩。被通报批评的，取消年度考核评优资格。

根据当天的会议要求，全街道立即开展文明提升行动，第一期比武要求6月15日前完成显著提升，6月17日、20日分别开展一次实地检查和回头看。

根据评分标准，进行现场检查，检查情况以督办单形式下发至各单位，并限时落实整改。

第三、四季度的比武与区文明办组织的社区新时代文明实践大比武相挂钩，同步开展实施，以实地检查和"回头看"确定比武成绩。

此外，在检查的基础上，通过"红芯汇"招募"啄木鸟"志愿者，重点查找问题，反馈社区和股份经济合作社，并同步跟踪。同时，开展社区暗访互查工作，落实志愿者进行对口暗访检查，实时反馈限时整改。人大代表、政协委员、义务监督员则组成义务督查组，进行督查评分。

城市文明提升需要共同努力

当天，富春街道相关负责人详细部署了城市文明提升行动大比武实施方案以及考核标准，其中《富春街道文明提升行动大比武行动评分标准》从公共环境、公共秩序、公共安全、公民素养、公益宣传五个方面，非常详尽地呈现了测评标准。

比如，小区内存在饲养家禽、宠物散放现象，上午7时至晚上7时之间有人在室外遛放宠物；社区（小区）车辆停放无序，占用消防通道、压占绿化带，私设停车桩或随意占用公共车位；小区楼道、地下室内有堆积物、墙面污秽、玻璃破损、楼道灯不亮；疏散通道、安全出口、楼梯间停放电动车，私拉电线和插座给电瓶车充电……这些不文明现象，显然都是扣分项，需及时整改，防止反复。

动员会要求，各社区和股份经济合作社必须高度重视，认真制定工作计划，落实举措，明确责任，切实通过比武促提升，会后要马上行动起来。

城市文明提升行动大比武需要广大群众共同努力、共同参与，各社区和股份经济合作社要设计各类活动载体，加强宣传发动，营造城市文明提升行动大比武活动氛围。要充分发挥社区志愿者、在职党员等资源，营造文明创建人人参与氛围，实现文明大进步、大提升。

各社区和股份经济合作社要根据标准和职责，自查自纠，做到即查即改，边查边改，以高标准做好文明创建各项工作。

各社区要加强与部门之间的联动对接，对照各自职能积极履职，做到主动衔接、相互配合，共同推进城市文明提升大比武行动落到实处。

街道党工委主要负责人表示，要以讲政治的高度，全面推进城市高水平社会治理，市民最直接的幸福感和获得感就是最大的民生；要以打硬仗的决心，全面提升城市品质和工作标准，行动要快，标准要高，合力要强，氛围要浓；要以大比武为载体，全面营造激情飞扬的战斗氛围。同时，自找短板，自加压力，不断比武，不断整改、不断提升；以大比武完善机制。文明提升是一个循序渐进的过程，不可能一蹴而就，只有完善的机制，才能事半功倍；以大比武行动检验干部成色，始终以为人民服务为宗旨。

（《富阳日报》2019年6月13日4版）

第七节　社区、撤村进社区股份经济合作社主职干部上课"充能"

提升城市基层组织力　助推高水平社会治理

记者　许荆楠　通讯员　陈致远

为进一步加强我区新时代城市基层党建工作，增强社区、撤村进社区股份经济合作社（以下简称"合作社"）干部党性修养，不断提高履职能力，近日，区委组织部会同区民政局、区委党校，开设社区、合作社主职干部培训班。全区各社区党组织书记、主任，各合作社党组织书记、董事长以及富春街道、东洲街道、鹿山街道、银湖街道、新登镇党（工）委副处级组织员和组织干事共计110人左右参加培训。

根据安排，培训分为理论培训、分组研讨两个环节，课程主要包括社区规范化建设、新时代城市基层党建、社区治理等，以及对《中国共产党支部工作条例》《中国共产党党员教育管理工作条例》等文件精神、内容的学习。培训期间还设置"局长面对面"环节，来自区城管局、区住建局、区民政局、区农业农村局等部门的相关负责人与学员进行了分组交流。

通过实践，富阳城市基层党建基础总体越来越稳固

社区、合作社是党在城市的执政基础。记者从培训班上获悉，去年以来，在区委领导下，区委组织部牵头，着力加强社区、合作社党组

织，取得了一定成效。全区社区由28个调整为50个，圆满完成254名原有社工编制调整、114名新社工招录，推动576名党员组织关系回归原合作社，基本实现股社分离，新时代城市基层党建工作格局更加完善。持续加强社区、合作社班子建设，高标准完成12个合作社换届工作，其中8个实现书记、董事长"一肩挑"，完成49个社区届中调整，新充实了87名社区两委班子成员，党组织自身建设更加有力。

另外，以社区"大党委"制为核心，重新梳理和制定了社区、合作社与其他区级机关事业单位、两新组织的联系结对安排。强化社区、业委会、物业三方联动，实现联席会议机构100%全覆盖，配套开展"百日解百难"专项行动，初步构建共建共治共享工作格局。同时，着力提升社区、合作社基本阵地、基本经费水平，完成了山水社区、公望社区、逸城社区、金桥股份经济合作社等，一批党群服务中心新建、改建、提升工作，保障每个社区党组织每年有20万元的服务群众专项经费以及15万元的工作经费，确保有钱、有阵地、有能力为群众办事。

深化社区"大党委"制，形成多元共治局面

培训班结业仪式上，区委组织部相关负责人对本次培训进行了小结，总结了近年来社区、合作社建设取得的主要成绩，点明了存在的问题，并就加强社区、合作社各方面工作，向各社区、合作社主职干部重点提出了三个方面的要求：一是要抓好党的建设。全面深化社区"大党委"制，扎实提高物业、业委会两个重点领域党建工作覆盖率。围绕支部、班子、党员三个关键环节，建设党组织坚强战斗堡垒。二是要抓好服务群众工作。坚持问题导向，落实"百日解百难"专项行动要求，不断提升社工队伍专业素养，提升持证率，年内高标准完成50个社区、12

个合作社党群服务中心建设。三是要抓好社会治理。开展部分山庄、小区信访问题专项整治，着力解决部分合作社集体经济发展难题，建好机关事业单位党员志愿服务队，全面实现"两网合一"。

"社区、合作社是我们党在城市最重要的两类基层组织，我们推进城市基层党建，离不开社区、合作社之间的相互支持配合。"区委组织部相关负责人表示，在今后的工作中，社区、合作社之间要继续保持长期以来形成的良好关系，分工不分家；要注重相互配合、相互帮助，通过协作，营造和谐社会环境。同时，要向先进地区学习借鉴成熟的做法和经验，将社区的平台渠道与合作社的资源实体等各自的优势和特长充分发挥出来。

书记谈治理

为期三天的培训，在各社区、合作社主职干部中，掀起了提高党性修养、增强理论学习、提升履职能力的学习热潮，本期《富阳党建》，五位工作在基层一线的社区、合作社主职干部纷纷晒出了各自的"培训笔记"，他们对于新时代城市基层党建、社区规范化建设以及社区治理有着各自的认识和感受。

蒋培松（富春街道巨利股份经济合作社党总支书记、董事长，巨利社区党总支书记）：基层党建引领社区治理

社区治理不是简单的维护社会秩序。只有把基层党组织建设好了，才能为加强和完善社区治理提供坚强有力的组织保障。以基层党建引领社区治理创新，促进自治、德治、法治的社会治理新格局。巨利社区所属村、社创新融合发展试点单位，要积极探索城市基层治理新思路。

依托"党建+"，筑牢"平安生命线"。实施"党建+网格"，通过优化综治平安网格，推行网格"1+14"工作模式，实现"人在格中走，事在网中办"。实施"党建+消防"，建立功能齐全、机制完备的社区微型消防站。实施"党建+巡防"，采取日间巡防和夜间巡防"双保险"模式，双管齐下，进一步维护社区长治久安。

依托"中心+"，打通"最后一公里"。完善党群服务中心建设，打通服务党员群众的"最后一公里"。"中心+一站服务"，切实增强党组织服务功能，推行"全科社工"建设，满足多元化需求。"中心+室外阵地"，将党建教育阵地由室内向室外延伸，实现党建教育模式由封闭向开放转变，教育对象也由党员为主向广大居民转变。"中心+文化家园"，以全区首家"杭州市五星级文化家园"成功创建为契机，全力打造党建+高水平社会治理示范区。

依托"清单+"，构建"梦想大家园"。以"大党委"制党建共建为契机，充分运用辖区共建资源，列出资源清单、项目清单、需求清单等三张清单。通过"三张清单"，架起服务居民群众的平台。建立多功能志愿服务站，成立党员专职巡防志愿者队伍、水电专业志愿者队伍、垃圾分类倡导志愿者队伍、医疗义诊志愿者队伍、文明停车指导志愿者队伍等志愿者服务队伍，为社区居民提供更加优质、快捷和周到的服务。

王晓娟（鹿山街道东吴社区党委书记）：做好四个"抓"字文章，提升社会治理水平

党校三天的理论学习和分组研讨，使我受益匪浅，对新时代城市基层党建、社区规范化建设等工作有了更清晰的认识。社区治理的基点在"社区"，核心在"服务"，结合东吴社区现状，我觉得提升社会治理水平，要做好四个"抓"字文章。

一要抓社区"大党委"核心制。联动辖区单位党组织、居民小区、楼幢单元开展大片区小网格化的管理，把辖区各类党员按属地划归到片区的各个网格，推行"社区党委—片区党组织—网格党小组—党员中心户"的工作模式。

二要抓联动"多元化"服务制。按照"公共服务进社区，社区事务进片区"的原则，将综合服务、规划布局、信访矛盾、城市治理、环境卫生等居民群众最直接、最关心、最迫切的各项工作事项细化分解到网格，组建网格服务队和智能化110平台，打造温度党建、人性关怀的社区。

三要抓协作"部门"统筹制。强化政府职能部门对社区公共生活合作治理的主体责任，特别是明确政府、物业公司、业主委员会、驻区单位和居民各自的责任边界。通过各方合作，对治理社区"五乱"相互补台，实施统筹。

四要抓合力"两翼"协商制。推进物业、业委会党组织两个"全覆盖"，由社区党组织定方向，形成"共商、共融、共享"的工作机制，如针对个别小区的违建等居民敏感问题，社区要与物业、业委会形成合力，强化宣传力度，从发现、沟通、化解等机制上下功夫，实现精准服务。

杨皑雯（东洲街道公望社区党支部书记）："小社区""大党委"开启融合党建板块效应

公望社区文化底蕴得天独厚，红色资源丰富。社区党支部将凝聚辖区内的红色动能，积极打造"公望红盟"精品圈，并立足黄公望文化景观集聚特点，构建黄公望文化之韵、联盟单位特色之韵、党建引领红色之韵于一体的"开放性"党建服务体系。同时，以社区环境宜居化、社区结构开放化、交往空间融合化、公共服务精准化和治理空间多元化为重点内容，完善社区服务体系，加强社区文化互融，不断创新社区治理，打造居民和谐共处、文化相互交融的新型社区，以视野国际化、理念国际化、服务国际化为工作目标，加快社区建设，迎接亚运时代的到来。

目前社区正步入党建引领、区域融合新阶段，公望社区通过"大党委"制下"风情公望汇党建共享家"平台，亮出"共"字金名片，共践核心价值，共抓基层党建，共商基层治理，共同服务群众，共推时代发展。通过与党建共建单位合作契约化，服务群众"红银行动"创新化、百日解百难攻坚行动落地化等，构建区域统筹、条块协同、上下联动、共建共享的城市基层党建工作新格局，助推党员志愿队伍服务规范化、常态化、长效化，让"红色细胞"助力社区发展。根据公望特色，接下来将积极打造与国际化接轨的志愿平台，如医养结合品质养老服务站、亚运时代红芯志愿服务集训营中心、风情公望红色动能巴士等多个志愿平台，全力推进社区高水平治理。

罗建英（新登镇双溪股份经济合作社党支部书记）：推动全民共建共治共享的多元化社会治理新格局

作为新登镇的重要经济地段和活动中心，今年以来，双溪股份经济合作社高度重视平安建设工作，每天都有专职网格员及班子成员带头进行平安巡防，深入群众，排查隐患并及时处理。我根据这段时间的工作经验来谈谈社会治理的思路和想法。

坚持党的领导，切实加强基层党组织建设。加强党员的凝聚力和责任感已是当务之急，必须将党员带头作用发挥起来。每位党员代表负责管理若干群众作为民情联系员，定期联系群众，做到有呼必应、有呼必为，及时上报矛盾，并协助化解。同时，完善各村社股份制管理及股民责任与义务制度，做到有法可依；完善对各村社班子人员的考核机制，提高每位管理人员的责任心及积极性，提高与班子成员和群众的合作协调意识。

充实网格资源，推进网格治理。通过网格发现、分析、解决、核实反馈问题，环环相扣，构成无缝对接的网络，解决各村社"看不全、看不到"的弊端，使基层社会的人口、治安、就业、环境等数据库体系不断扩充，让社会治理更快捷、更准确。

鼓励群众参与，畅通信访渠道。通过党员联系群众，充分发动群众的力量。开通各村社信访渠道，方便群众表达诉求，及时化解矛盾，提升人民群众的安全感和满意感。

丁国华（银湖街道九龙社区党支部书记）：深入推进社区"大党委"制，助推高水平社会治理

九龙社区是新成立的社区，一切都要从零开始，我们要积极发挥"大党委"制党建共建的作用，找准服务群众的切入点，各尽所能，将资源进行整合利用，助推高水平社会治理。对此，我有以下几点想法：

环境治理至关重要。居民对于环境的要求越来越高，为此，社区所在的梓树村、大庄村积极开展"三美"建设，自此以后，进出路口都有监控监视，小区的建筑垃圾等不能随便乱倒，社区环境有了很大的提升。

业委会要发挥积极作用。九龙山庄、上林湖业委会都建立了临时党支部，通过党建引领深入群众。今年，九龙山庄业委会将70万元商铺租金全部投入到二次供水改直供水工程中，为小区业主做了一件实事。上林湖业委会组建了物业监督小组，通过定期组织业主开会讨论小区问题、实施民主决策，真正实现了民主决策和居民自治。

加强村社联动，互惠互利。村里有人、有劳务队，物业有活干、有工作岗位，社区可以在村和小区物业间搭起桥梁，为群众提供劳动就业的岗位，同时也解决了物业招工难的问题。

强化"三治"融合，健全社区治理体系。社区坚持自治、法治、德治相结合，不仅能充分发挥居民的主人翁精神，同时还可以发挥法律的规范引领和道德的教化约束作用，提升居民的法制意识和道德自觉。

（《富阳日报》2019年6月18日5版）

第八节　巨利社区与巨利股份经济合作社

创新融合工作　人居环境提质显著

记者　仲芷菡　通讯员　王骄阳

自去年3月富阳区全面启动撤村进社区股份经济合作社换届选举工作以来，巨利社区作为试点单位，首先实现巨利社区与巨利股份经济合作社"一副班子"协同合作，心往一处想，劲往一处使。

今年，在富春街道打响环境提升整治大提升大比武行动以来，巨利社区的改变有目共睹：困难明了了，难点疏通了，村社联动更有向心力了。

看点一：公园名家小区牢牢构筑"平安生命线"

在环境提升整治大提升大比武行动中，公园名家小区被公认为是巨利社区中变化最大的区块。

走进小区，绿草茵茵，道路平整，整齐划一的停车位为往来居民提供安全可靠的停车条件。"这块区域原来别提有多乱了，没有画线也没有标识，车辆横七竖八停放在这里，有时候路人通行都是问题。"小区居民王大妈介绍道，就在今年，这个问题得到了改善，不平整的路面被整治一新，黄线划出整齐的停车位，腾出的路面不仅能使行人便捷来往，也成为消防登高的安全场地。

除了解决停车难问题，王大妈对小区环境改善的另一大亮点也赞不绝口，那就是垃圾分类。在公园名家小区，通过社区牵头，业委会在小区内不仅划定了垃圾分类投放点，还特别设立了两处建筑垃圾集中处置点，涉及装修的住户须提前向业委会报备才能进入施工环节。

"楼道里面的环境变化更大。"王大妈介绍，公园名家的大部分住户在门外做鞋柜，把常穿的鞋子堆放在门口，有的是可移动鞋柜，有的则是住户花了不少钱做的固定储物空间，她说："一开始居民都是不同意拆除的，想想就是在门外放几双鞋子，社区都要来管。不过现在越来越多的居民想通了，把外置鞋柜拆除了。"

据巨利社区党总支书记蒋培松介绍，公园名家小区鞋柜门外放置现象十分普遍，虽然看上去问题不大，但实际上存在很大的安全隐患，某种程度上堵塞了消防通道，"消防通道有安全隐患，涉及成千居民的生命财产安全，不容忽视"。

为此，巨利社区与巨利股份经济合作社牵头业委会和物业公司，发动小区党员带头示范、调查摸底，在做好居民思想工作的基础上，对楼道内所有外置鞋柜进行集中拆除，目前仅剩14只固定鞋柜有待拆除。

小区还全面检查了各个楼道的消防安全设施，杜绝"僵尸设备"而导致的安全事故；开辟电瓶车集中充电区域，从根源上切断了电线"私拉乱接"的安全隐患；配套安装远程消防系统，成为全区第一个"智慧消防"全覆盖小区。

"以前股份经济合作社和社区分开管理，管理一个村和管理小区的工作性质完全不同。现代人都很忙，邻居间都不一定互相了解，更不要提我们需要居民来配合工作。"蒋培松打了一个有意思的比喻，"百姓百姓百条心，一个政策下去，肯定有反对的也有支持的。作为政府这方，想要做好工作，重要的是实实在在为老百姓着想，哪怕多跑几趟，也要把道理说通了，把政策解释清楚了。"

看点二：蒋家区块40亩菜地变"花海"

说起蒋家区块，那一直是巨利股份经济合作社的一个"心病"：区块内以联建房、自建房居多，外来人口多，人口素质参差不齐，不易管理。老百姓看到区块内有土地"闲置"，就开始往上面种菜，一带二、二带四，直到近40亩的土地被翻了个遍，种满了各种蔬菜。

"为了解决这个问题，我们社区班子、党员干部、股民代表真的拿出了'壮士断腕'的决心。"蒋培松说。要一次性解决40亩土地的问题，无异于向痛点"开刀"，但如果放弃尝试，问题只会"积压成疾"，愈演愈烈。

为此，巨利股份经济合作社针对蒋家区块40亩土地的工作分两步走：第一步，张贴告示，通知村民在规定时限内清理完自家的"一亩三分地"；第二步，党员干部、股民代表一起出动拔菜除草。

"我清晰地记得，公示期限过了之后，我们到现场一看，几十亩土地都还是种满了菜，可想而知，居民对我们的工作极不配合。我们只有自己上。"蒋培松回忆，顶着烈日，冒着酷暑，几十号人一起"苦干"，还不断遭遇居民"骂街"般的指责，更有甚者，直接向党员干部们掷石子、扔东西，以发泄心中的愤恨。

但这一切都没有吓跑巨利的党员干部和股民代表。通过整整10天的努力，近40亩土地焕然一新，抛洒下去的花籽没过多久就破土开花，十分好看。"如今社区和股份经济合作社融合管理的模式，让许多工作打破行政限制，过程更为流畅。我们在执行过程中充满信心，整治的结果真正利于百姓，而最终得到他们的理解和赞扬。"蒋培松说。

（《富阳日报》2019年7月30日6版）

后 记

　　走进巨利社区，最大的感受就是，这是一个烟火气很浓的地方。

　　从杭州主城区前往富阳，离开江边的大道后，很快就到了巨利社区。可能因为地处富阳城郊，这里有多个开放式小区。从马路边一转身，很快就进入了社区里。这里的开放式小区中，楼底商铺有各种餐馆、小超市、药店、理发店等，一应俱全，宛如一个缩小版的城市，热烈的烟火气扑面而来。

　　巨利社区的氛围，热烈而有序。仔细转一圈就会发现，在几个小区里，电动自行车统一集中到充电区域充电，楼道间没有乱停放的电动自行车，更看不到私拉乱接电线充电的现象。小区的垃圾桶严格分成四类，定时定点摆放接收垃圾。这是一个整洁的社区。

　　没想到，再到巨利社区的时候，气氛陡然变得紧张起来。一场突如其来的疫情，把很多人的生活都打乱了。还是从杭州前往富阳的那条路，但几乎没认出巨利社区来，因为疫情防控，路边的开放式小区都被灰色的彩钢瓦围了起来。平时充满生活气息的小区，一下子安静了许多。好在小区内的商店、粮油店基本都在正常营业，即使在疫情防控最严峻的时候，居民的日常生活也没受到太大冲击。

　　能把这么一个范围广、人员密集的社区管理得井井有条，着实不容易。走进社区的办公楼层，一站式服务大厅干净明亮，各类办事服务事项的介绍清晰明了，党组织活动室、阅览室温馨明快。这样的一个"五星级文化家园"，确实能让居民住得安心。

　　写作这本书，也让我更多地打量自己生活的这一方山水。能完成此书，首先要感谢本套丛书的策划者、我们报社的老前辈张翼飞老师；其次要感谢巨利社区居民委员会的文化员朱颖溢，她带我走访社区，给我提供了众多相关资料，让我对巨利社区有了更全面的认识。

　　幸福的居住地与大小无关，希望杭州能有更多这样精致宁静的社区，让这片土地上的人们，在每一个夜晚都能安然入梦。

王俊勇

2020年5月